C

MODE D'EMPLOI

BRUCE HUNTER

C

M O D E   D ' E M P L O I

SYBEX

Paris • San Francisco • Düsseldorf • Londres • Amsterdam

Collection dirigée par Lucien Lamarre.
CP/M, MP/M, MAC, SID, Link-80, Pascal MT+, DDT, CBASIC, PL/I-80 sont des marques déposées de Digital Research, Inc.
C86 est une marque déposée de Computer Innovations, Inc.
Aztec C II est une marque déposée de Manx Software Systems.
MicroShell et MicroTools sont des marques déposées de New Generation Systems.
Mince est une marque déposée de Mark of the Unicorn.
O BASIC, M BASIC, L-80, M-80, Microsoft FORTRAN, MS-DOS sont des marques déposées de Microsoft, Inc.
IBM est une marque déposée de International Business Machines.
BDS C est une marque déposée de BD Software.
WordStar est une marque déposée de MicroPro International Corp.
Electric Pencil est une marque déposée de Michael Shrayer Software, Inc.
Spellguard est une marque déposée de Innovative Software Applications.
UNIX est une marque déposée de Bell Laboratories.
Carousel est une marque déposée de Carousel MicroTools, Inc.
SuperSoft est une marque déposée de SuperSoft.
PDP-11 et VAX sont des marques déposées de Digital Equipment Corporation.

SYBEX n'est lié à aucun constructeur.

Traduction française de Dominique Pitt.

Tous les efforts ont été faits pour fournir dans ce livre une information complète et exacte. Néanmoins, SYBEX n'assume de responsabilités ni pour son utilisation, ni pour les contrefaçons de brevets ou atteintes aux droits de tierces personnes qui pourraient résulter de cette utilisation.

Copyright Version originale © SYBEX Inc., 1984
Version française © SYBEX, 1986, 1988, 1991, 1993.

ISBN 2-7361-1220-2
ISBN version originale 0-89588-123-3

SOMMAIRE

Cet ouvrage a été écrit pour servir d'introduction au langage de programmation C. Il s'adresse à la fois au programmeur débutant en C et à celui de niveau moyen qui souhaite en savoir plus sur C, dans les environnements UNIX, CP/M ou MS-DOS. On s'est efforcé d'y présenter C et ses techniques de programmation de la façon la plus claire. Néanmoins, comme C est rarement le premier langage appris, on a supposé que le lecteur était d'ores et déjà familiarisé avec un langage informatique et les concepts de la programmation structurée. Le texte fait de nombreuses références au BASIC et à d'autres langages, et certains programmes ont été traduits en BASIC en vue d'une meilleure compréhension de C.

Une approche en *spirale* de l'enseignement de C a été utilisée tout au long de l'ouvrage. De nombreux auteurs choisissent plutôt un cheminement de ''livre de cours'', et demandent au lecteur d'apprendre l'intégralité d'un concept de programmation (par exemple, les *chaînes*), avant de passer au concept suivant (par exemple, les *variables*). Ce n'est pas le cas ici. La partie élémentaire de chaque ensemble de concepts est traitée dans un premier temps, ce qui permet d'aborder rapidement la mise au point de programmes simples. Les concepts de base sont ensuite repris et étoffés tout au long de l'ouvrage, en s'appuyant toujours sur des exemples de programmes soigneusement disséqués, analysés et commentés. Cette approche privilégie la participation active du lecteur — qui peut programmer dès la fin du premier chapitre —, seule façon réaliste d'apprendre un langage.

La première partie couvre un peu de la théorie de C et fournit une base de référence pour le reste de l'ouvrage. Le reste, depuis les fichiers et les entrées-sorties jusqu'aux tableaux et pointeurs, est traité dans les chapitres suivants, en utilisant systématiquement des exemples pratiques de programmation, choisis pour illustrer les concepts introduits. Chaque programme est alors passé au peigne fin et commenté dans le détail.

Parallèlement aux bases et à la théorie que l'on doit pouvoir trouver dans un ouvrage de ce type, le lecteur percevra que C n'est pas appréhendé comme un langage théorique fonctionnant sous un système d'exploitation théorique, mais plutôt comme un langage bien concret et en expansion constante, tournant sous MS-DOS, CP/M, UNIX et une foule d'autres systèmes. Après que le lecteur a acquis une certaine connaissance de C dans les premiers chapitres, une vue d'ensemble du langage est donnée à mi-chemin de l'ouvrage. Les points forts du langage, son style d'écriture et une définition de ses commandes sont alors présentés. Plusieurs chapitres traitent ensuite des fonctions des bibliothèques du C d'UNIX 7 et d'un échantillon représentatif de compilateurs 8 et 16 bits du marché. Le chapitre sur les traitements de nombres vise à prouver que C n'est pas qu'un langage pour systèmes et qu'il est aussi un langage d'applications. Aucun autre langage ne peut prétendre couvrir le champ d'application ouvert à C, et ce chapitre montre comment tirer parti de cette souplesse. UNIX étant à la fois le père et le fils de C, un chapitre entier lui a été consacré, qui traite aussi de ses utilitaires et des systèmes assimilés. Lorsqu'il est exécuté sous UNIX, C prend une saveur toute particulière qu'on a tenté de mettre en évidence à travers un échantillonnage de programmation en C sous UNIX.

A la fin du livre sont comparées et présentées les caractéristiques d'un groupe étendu et représentatif de compilateurs C. Parvenu à ce stade de l'ouvrage, le lecteur doit posséder une compréhension assez complète de C et de son environnement. Il aura alors été exposé à la quasi-intégralité de C tel qu'il existe aujourd'hui.

I
LE LANGAGE C

INTRODUCTION : QU'EST-CE QUE C ?

Cet ouvrage présente C tel qu'on le connaît actuellement, sous des versions nombreuses et variées et fonctionnant sous divers systèmes d'exploitation. Il existe aujourd'hui trois familles principales de systèmes d'exploitation pour micro-ordinateurs : la famille de CP/M et MP/M, MS-DOS et PC-DOS, et UNIX et les systèmes assimilés. Dans ce livre, textes et programmes sont orientés vers ces trois grands groupes.

C et UNIX ont été développés parallèlement. C, sous sa forme de la version 7 d'UNIX, est défini dans l'ouvrage de Kernighan et Ritchie, *The C Programming Language*. Les programmes écrits dans le C de la version 7 d'UNIX (ou *C UNIX 7*) sont très démunis de possibilités d'entrées-sorties, car le C UNIX 7 tient compte de l'aptitude d'UNIX à rediriger ses entrées-sorties. Les autres systèmes d'exploitation, tels que CP/M ou MS/DOS version 1, n'autorisent pas les redirections, et les versions de C qu'ils supportent doivent gérer des fichiers d'entrées-sorties comme tout autre langage.

Cet ouvrage couvre les deux types d'environnement. Un chapitre entier est consacré à l'environnement UNIX de C. Tous les autres chapitres traitent de C sous d'autres systèmes d'exploitation. Les programmes présentés dans ce livre ont été écrits sous MS-DOS. Ils auraient pu l'être sous CP/M.

L'importance de C en tant que langage de programmation augmente chaque jour. Son aptitude à bien se comporter au niveau *système* tout en permettant l'écriture d'applications a poussé de nombreux créateurs de langages, systèmes d'exploitation et utilitaires à concevoir et commercialiser leur propre C. Plus significatif, ils se sont mis à utiliser C comme outil de développement interne, tâche réservée jusqu'alors au langage assembleur.

Les systèmes d'exploitation constituent un domaine d'application privilégié pour C. UNIX a été écrit en C MicroShell. Un émulateur UNIX tournant sous CP/M a été écrit en C. L'aptitude de C à se substituer à la programmation en assembleur n'est pas son moindre avantage. C peut cependant se révéler un excellent langage d'application. Les très vastes bibliothèques de fonctions développées autour de lui

lui confèrent une puissance importante dans toutes sortes de domaines. Des applications scientifiques et commerciales se programment facilement en C. Le chapitre sur la manipulation de nombres en donnera un exemple avec un programme de calcul de ressorts hélicoïdaux. Un programme de cette nature serait normalement écrit en FORTRAN ou en PL/1, mais il prend moins de code en C que dans l'un de ces deux langages.

BREF HISTORIQUE DE C ET D'UNIX

Il est difficile de séparer C et UNIX, en particulier à leurs débuts, car ils furent développés en commun. La légende veut qu'UNIX ait été développé dans le grenier d'un laboratoire de la compagnie Bell. Vers 1969, un ingénieur de chez Bell, Ken Thompson, s'était débrouillé pour mettre la main sur un ordinateur DEC PDP-7 abandonné et dépourvu de logiciels. Il décida d'écrire une série de programmes devant lui permettre de développer du logiciel. Il écrivit ces programmes entre 1969 et 1972, avec l'aide de Dennis Ritchie, et les réunit sous forme de système d'exploitation. En 1972, le système fut recodé, pour tourner sur un PDP-11 plus récent, dans un nouveau langage développé aussi par Bell et appelé C.

C, dont l'auteur principal est Dennis Ritchie, était un descendant du langage BCPL de Martin Richard, par l'intermédiaire d'un langage appelé B, écrit par Ken Thompson sur le PDP-7 d'origine, sous l'UNIX d'origine, en 1970. Le travail initial de développement de Thompson sur C et sur UNIX le désigne comme le pionnier des deux produits. La contribution majeure de Ritchie fut d'assurer le passage de B — un langage sans types de données — à C, langage avec types et capable d'évoluer.

Vers 1973, les contributions conjuguées de Thompson, Ritchie et de nombreux autres collaborateurs de Bell furent condensées pour former le système que Western Electric distribua finalement aux universités et écoles, étendant ainsi la notoriété du langage et du système d'exploitation. Vers 1975 fut distribuée la version 6 d'UNIX. Début 1979 apparut la version 7 qui constitue le standard actuel. Elle était codée pratiquement entièrement en C.

Le point le plus notable des premiers développements de C et d'UNIX est qu'ils sont l'œuvre de deux seuls individus : Thompson et Ritchie. Ingénieurs système hors du commun, ceux-ci ont développé un langage et un système d'exploitation fait *par* des programmeurs *pour* des programmeurs. La plupart des langages aujourd'hui populaires ont été développés par des équipes, qu'elles soient universitaires (BASIC, Pascal) ou industrielles (FORTRAN, PL/1). C'est le fruit d'un travail individuel, ce qui n'est pas sans conséquences sur le résultat obtenu. C a toujours été un langage relativement *pur* ou *entier*, qui n'a été bridé lors de sa conception par nul compromis. Cela ne comporte d'ailleurs pas que des avantages : C s'auto-contrôle rarement et autorise placidement l'écriture d'hérésies. Il permettra ainsi de créer des structures de données impossibles ou d'envoyer des pointeurs vers des zones interdites de la mémoire comme le cœur du système d'exploitation. De la même façon, UNIX ne s'embarrasse guère de messages opérateur. Une simple commande d'UNIX détruira tous les fichiers du système sans afficher un timide : "Etes-vous sûr ?" En revanche, C et UNIX forment une paire apte à réaliser pratiquement tout ce qu'on peut souhaiter voir faire à un ordinateur.

La définition du langage C fut communiquée au public en 1979 par l'ouvrage désormais classique : The C Programming Language de Kernighan et Ritchie. Le public d'informaticiens fut prompt à y reconnaître un bon langage. Des compilateurs C conçus pour opérer hors de l'environnement UNIX se mirent à proliférer. La majorité de ces compilateurs fut même conçue pour l'environnement 8 bits qui est totalement étranger à UNIX. Une fois séparé d'UNIX, C se retrouva dépourvu de moyen d'orientation, ou plutôt de redirection des entrées-sorties de ses programmes. Les programmeurs de compilateurs ou de bibliothèques C ne furent cependant pas longs à surmonter cette déficience, par le biais d'une vaste panoplie de fonctions orientées principalement vers les entrées-sorties. Le marché compte aujourd'hui plus d'une douzaine de compilateurs C pour les ordinateurs 8 bits, dont la plupart ne connaîtront jamais un environnement UNIX.

De son côté, UNIX poursuivait son bonhomme de chemin. En même temps que C se mettait à voler de ses propres ailes, UNIX commençait à faire des émules. En raison de ses particularités, notamment de la redirection des entrées-sorties, UNIX inspira la création de nombreux utilitaires pseudo-UNIX permettant de l'émuler sous d'autres systèmes d'exploitation et d'ajouter ainsi les atouts d'UNIX à leurs points forts propres. A coup sûr, la majorité des systèmes d'exploitation incorporera, à terme, une petite coloration d'UNIX. Dès aujourd'hui, des systèmes de moins de 20 000 francs supportent d'assez bons fac-similés de noyaux d'UNIX tournant sous CP/M.

C SUR MICRO-ORDINATEUR

L'histoire de C sous CP/M et MS-DOS est encore relativement récente. Quand, au milieu des années 70, C fit son chemin dans les universités et dans un environnement confidentiel, son potentiel apparut clairement à tous ceux qui l'utilisèrent. Comme les langages mettent toujours en valeur les systèmes d'exploitation sous lesquels ils ont été développés, quelques aventuriers ne tardèrent pas à écrire de nouveaux compilateurs C pour d'autres systèmes. Jusqu'à 1982, CP/M était le système d'exploitation dominant pour micro-ordinateurs. Il était donc naturel qu'il fût le système cible des premières versions de C pour micros. Les premières apparues furent le Tiny-C, le C de BD Systems et le Small-C, qui tournaient toutes sous CP/M.

PREMIÈRES VERSIONS DE C POUR MICRO-ORDINATEURS

Tiny-C est un petit langage de type C qui possède à la fois un interpréteur et un compilateur. Le premier fut écrit par Tom Gibson en 1978, en guise de passe-temps. Comme la plupart des versions antérieures de C, Tiny-C n'avait pas été conçu en vue d'un développement commercial. Après le début de sa distribution, un voisin de Gibson, George Eberhart, écrivit le compilateur du Tiny-C. Le produit continua de se développer pour devenir le père spirituel de Small-C, qui lui-même généra C-80, Q-C, CW/C et beaucoup d'autres.

Beaucoup de ceux qui pratiquent C ont fait leurs premières armes sur le C de BD Systems, œuvre de Leor Zolman. Celui-ci aussi aborda C sous l'angle des loisirs, et écrivit par curiosité un compilateur qu'il ne décida qu'ensuite de commercialiser. Il existe désormais aux U.S.A. une association d'utilisateurs du C-BDS qui est le compilateur le plus ancien dans sa catégorie. Leurs logiciels appartiennent au domaine public, et le C-BDS a probablement converti à C plus de monde qu'une quelque autre version. Un nombre important de logiciels a, par ailleurs, été écrit en C-BDS ; c'est le cas de MicroShell, un émulateur d'UNIX sous CP/M.

L'apparition des processeurs 16 bits 8086 et 8088 amena celle de compilateurs C tournant sous CP/M 86. Par ailleurs, la décision d'IBM d'utiliser la version dite PC/DOS de MS-DOS sur l'IBM PC donna une solide assise à la famille du MS-DOS dans le domaine des systèmes 16 bits. C se complaît dans les vastes espaces mémoire et de nouvelles versions tournant sous MS-DOS ou CP/M 86 virent bientôt le jour.

TYPES DE LANGAGES DE PROGRAMMATION

Les langages se présentent sous toutes formes et toutes dimensions, chacun répondant à un besoin particulier. Certains, comme le langage assembleur, sont très proches des instructions machine de base. Chacun des mécanismes internes de manipulation de données de l'ordinateur doit être pris en compte lors de l'écriture d'un programme en assembleur. Ainsi, en vue d'afficher un caractère à l'écran, un programme en langage de bas niveau devra fournir les instructions pour placer le caractère concerné dans un registre du processeur, puis émettre une commande pour orienter le caractère vers la sortie écran. Le code des langages de bas niveau est de lecture difficile, car il est orienté vers les machines plus que vers les personnes. Pour cette raison, il est d'un apprentissage un peu ardu. Il est en outre assez fastidieux, du fait qu'il requiert l'écriture de beaucoup de code même pour les opérations les plus simples.

Les langages de haut niveau se rapprochent plus du langage naturel (mais généralement de l'anglais). Cela les rend plus faciles à lire et à écrire, donc plus simples à apprendre. Ils leur faut moins de lignes de code pour accomplir une tâche et le programmeur n'a pas à se soucier de la plupart des mécanismes internes qui exécutent les instructions du programme : ils sont pris en charge automatiquement.

Pour illustrer ce point, prenons l'exemple d'un programme devant afficher ''BONJOUR'' à l'écran. Il faudra bon nombre de lignes de code à un langage de bas niveau pour y parvenir. Il en faudra bien moins à un langage évolué, parfois même une seule. Par exemple, l'interpréteur BASIC s'acquittera de sa tâche en deux mots :

    PRINT ''BONJOUR''

Les langages évolués ne sont pas nécessairement puissants. Est puissant un langage qui accomplit beaucoup pour un minimum de code et d'effort de programmation. Selon ce critère, COBOL, pour être un langage évolué, n'est pas pour autant à classer parmi les langages puissants.

Certains langages sont orientés vers l'apprentissage de la programmation. Pascal et BASIC en sont les meilleurs exemples et on parle souvent d'eux comme de langages d'enseignement. D'autres sont conçus pour le développement d'applications spécifiques, telles que calculs de paie, d'analyse statistique, etc., et sont dits : *langages d'application*. PL/1, FORTRAN, COBOL et les versions étendues de Pascal et BASIC sont des langages d'application. Restent les autres langages, tels que PL/M, qui œuvrent à des niveaux plus primitifs pour créer le code de systèmes d'exploitation ou d'utilitaires et qu'on appelle les *langages système*.

Où se situe C dans tout cela ? C est unique parmi les langages, car c'est un langage intermédiaire : ce n'est pas un langage évolué comme BASIC, PL/1 ou Pascal ; ce n'est pas non plus un langage de bas niveau comme l'assembleur. Les langages intermédiaires sont prévus pour pouvoir se substituer à l'assembleur tout en continuant d'accomplir les tâches des langages évolués. C répond à cette définition à la lettre, puisqu'il peut fonctionner à la fois comme langage système et comme langage d'application.

On a vu que la puissance d'un langage pouvait se mesurer à son aptitude à faire beaucoup avec très peu de code. De ce point de vue, C est extrêmement puissant. Dans un des chapitres de la fin du livre sera présenté un utilitaire de *filtrage* permettant d'évacuer d'un texte donné tout ce qui n'est pas un mot. L'ensemble du filtre, codé en C, tient moins d'une page et la partie exécutable moins d'une demi-page. Le programme est associé à une commande de trois lignes de long. Le tout permet de constituer le dictionnaire de n'importe quel texte... et donne un bon aperçu de la puissance de C.

C peut aussi travailler au niveau *système*, ce qui laisse au programmeur la voie libre pour écrire pratiquement tout ce dont il a besoin. Pourtant, comme on l'a déjà vu, il est suffisamment adaptable pour réaliser aussi des programmes d'application. Ecrire un programme de comptabilité en C n'a rien de très difficile. Toutefois, l'intérêt majeur de C tient dans son aptitude à se développer de lui-même. Les bibliothèques C peuvent s'étendre facilement et les fonctions qui les garnissent sont très faciles à écrire après apprentissage. Les fonctions C typiques appellent d'autres fonctions C. Il en résulte que C n'est pas un langage statique comme peuvent l'être COBOL, FORTRAN, voire PL/1. C se développe avec l'adresse et l'expérience du programmeur, jusqu'à ce que sa bibliothèque devienne spécifique à ses propres besoins.

C est un langage organisé autour de la notion de fonction ; un programme C type est essentiellement constitué d'une suite de fonctions. Dans la plupart des langages, les fonctions servent de véhicules pour recevoir des valeurs (dites *arguments* ou *paramètres*), les traiter, et retourner ensuite une valeur unique au programme principal. En C, les fonctions jouent un rôle plus important puisqu'elles servent aussi de *procédures* (suite d'instructions devant accomplir une tâche précise). En C, même le programme principal est une fonction, à partir de laquelle le reste du programme est géré.

PROGRAMMATION STRUCTURÉE

Le terme *langage structuré*, qui peut paraître nouveau au lecteur venant du BASIC ou d'autres langages non structurés, mérite une explication. Les langages non structurés, comme le BASIC ou le FORTRAN, attaquent leurs programmes par le haut et se fraient un chemin, en ligne droite jusqu'au bas du programme, en exécutant une par une chaque instruction, à moins qu'un GOTO ou un branchement n'oriente ailleurs la marche du programme. C'est là une façon parfois adaptée de traiter la logique d'une application. Néanmoins, beaucoup de problèmes sont trop complexes pour être traités par une simple série d'instructions allant de haut en bas et de bas en haut, et on perd vite alors le contrôle des branchements. Les codes garnis de nombreux GOTO sont difficiles à lire et débouchent sur les célèbres *programmes spaghettis*, dont la logique est obscurcie par trop de branchements. Il y a quelques années fut créé un langage nommé ALGOL (de l'anglais *ALGOrithmic Language*), conçu pour pouvoir traiter séparément les tâches d'un programme en les plaçant dans des blocs. Ce type de programme possède un bloc principal qui dirige le passage de bloc à bloc. C'est ALGOL qui inspira la création de nombreux langages structurés désormais très populaires, dont Pascal, PL/1 et C.

COMPILATEURS ET INTERPRÉTEURS

Les notions de compilation et d'interprétation reviendront souvent dans l'ouvrage et doivent être bien assimilées.

Les langages interprétés lisent et exécutent une ligne de code à la fois. Ils ignorent totalement ce qui se passe dans le code après la ligne qu'ils sont en train d'exécuter, et ne s'en soucient guère. Certaines de leurs caractéristiques les rendent pratiques pour les programmeurs débutants : une fois un programme écrit en langage interprété, on le stocke puis on frappe RUN ou CONTINUE ou une commande similaire, et le programme s'exécute tout de suite, ligne après ligne. Les erreurs sont faciles à réparer : on corrige le code, on resauvegarde et on relance l'exécution. Les langages interprétés n'ont néanmoins qu'une portée limitée car leur approche ligne à ligne se traduit par une grande lenteur d'exécution et impose que toutes leurs variables soient globales et connues de chaque partie du programme.

Les compilateurs sont très différents des interpréteurs. Ils savent, eux, tout ce qui doit se produire dans le programme et à quel moment, car ils analysent chaque ligne de code, du début à la fin du programme, plusieurs fois durant le processus de compilation. Cette compilation peut être source de confusion pour qui a l'habitude des interpréteurs. Essayons donc de suivre ce qui se passe lors de la compilation de code par un compilateur C. (Les compilateurs sont relativement standard dans leur façon d'opérer, en dépit de quelques petites différences.)

La première étape de la compilation est accomplie par le *préprocesseur*, qui suit les instructions du fichier en-tête du code source à compiler, pour intégrer au corps du programme tout fichier, fonction ou constante qui y est spécifié. Il signale aussi toute erreur de syntaxe apparente. L'étape suivante est accomplie par le compilateur au sens propre, qui traduit le code analysé par le préprocesseur en *code intermédiaire*, en général du code assembleur. L'*optimiseur* intervient alors pour rendre plus efficace le code assembleur. A ce stade, la plupart des compilateurs produisent ce qu'on appelle un *module relogeable*, constitué de code intermédiaire, qui sera relogé à son adresse finale lors de l'édition de liens. Finalement, cet éditeur de liens entre en scène pour lier le programme aux fonctions qu'il appelle et à tout autre module spécifié, produisant ainsi le *code objet*, qui est sous forme de langage machine. A ce moment-là seulement, le programme est prêt à fonctionner.

L'avantage majeur du code compilé tient à sa rapidité d'exécution et à son faible volume. En outre, des options de programmation sophistiquées peuvent être apportées aux langages compilés. Le seul inconvénient des compilateurs est qu'ils rendent fastidieuse la correction du code source en cas d'erreur, car ils imposent une nouvelle compilation à chaque modification.

Voilà pour les notions de base. Il est temps de se lancer à la découverte de C...

1. CRÉATION ET EXÉCUTION
DE PROGRAMMES EN LANGAGE C

Ce chapitre donnera au lecteur une idée générale de la programmation en langage C. La méthode adoptée s'appuie sur une approche en spirale, basée sur la présentation par étapes des concepts nouveaux, chaque étape proposant une analyse plus approfondie que la précédente. Dans un premier temps seront présentées de façon très succincte les bases du langage, indispensables au programmeur débutant. Une compréhension imparfaite des concepts qui y sont abordés ne devra pas susciter trop d'inquiétude : chacun d'eux sera repris et développé plusieurs fois tout au long de l'ouvrage pour aboutir à une connaissance approfondie du langage C.

STRUCTURE D'UN PROGRAMME EN LANGAGE C

Commençons par examiner la structure d'un programme :

```
/* Premier Programme */
#define EFFACE "\33[H\33[2J"          /* Sequence d'effacement d'ecran */
                                      /* Peut etre aussi le code 12    */
main()
{
    puts (EFFACE);
    puts ("\n\n\n\n\n\n\n\t\t\t\t Voici C");
}
```

En guise de comparaison, voici l'équivalent BASIC de ce programme :

```
10 REM Premier programme
20 PRINT CHR$(27) + "[H" + CHR$(27) + "[2J": 'seq.d'effacement
30 FOR I = 1 TO 9:PRINT:NEXT I
40 PRINT TAB (4);"Voici BASIC"
```

La première caractéristique qui apparaît est la structure en bloc d'un programme C. Chaque bloc est délimité par une paire d'accolades, et le contenu du bloc est exécuté de manière séquentielle, à moins qu'un ordre interne au bloc ne redirige l'exécution. Dans l'exemple précédent, le seul bloc est le bloc principal (noté *main*). La première commande du programme est destinée à effectuer un affichage à l'écran. La fonction **puts()** y place la séquence d'effacement d'écran. Ces séquences d'effacement dépendent plus du matériel que du langage. Sur de nombreux matériels, elles mettent en œuvre le caractère ASCII 12 (décimal). La constante **EFFACE** est définie par la ligne :

```
#define EFFACE " \33[H \33[2J"
```

qui remplace toutes les occurrences de la constante **EFFACE** par la séquence d'effacement qui lui correspond, lorsque le programme est compilé. Il s'agit là d'un premier exemple de *commande de préprocesseur* ; les commandes du préprocesseur sont traitées lors du premier passage de la compilation, avant qu'aucun code ne soit compilé. Le mot clé **main** indique au compilateur qu'il se trouve dans le bloc principal, et les parenthèses vides témoignent de l'absence d'argument (valeur ayant une signification particulière pour le bloc) à passer au programme.

La dernière instruction, **puts**, est une fonction d'impression qui affiche à l'écran la série de caractères se trouvant entre parenthèses. Tout ce qui se trouve entre guillemets constitue une chaîne et est envoyé au terminal. Les caractères précédés d'une barre oblique inverse sont des caractères de contrôle. La commande de saut de ligne est \n, celle de tabulation \t. Neuf lignes et quatre positions de caractères seront donc sautées avant que ne s'affiche la chaîne :

```
Voici C
```

Les commentaires sont ajoutés pour la clarté du listing du programme mais sont ignorés par le compilateur. Ils doivent être entourés des paires de caractères /* (à gauche) et */ (à droite).

```
/* commentaire */
```

La seconde chose que l'on peut remarquer en examinant le code source d'un programme C est que les espaces sont généreusement distribués, les lignes étant indentées et librement séparées par des lignes blanches. C'est un langage non contraignant au niveau de la syntaxe. Des espaces peuvent être insérés à n'importe quel endroit du programme, ce qui contribue à améliorer la lisibilité des listings.

Par exemple, le compilateur lira et traduira sans problème l'ordre suivant :

```
if(ch = =' \n')break ;
```

Le lecteur aura cependant plus de facilité à lire la même instruction réécrite sous la forme suivante :

```
if (ch = = ' \n')
    break;
```

L'ordre **if** et l'expression à évaluer figurent sur une même ligne ; l'action qui dépend du résultat de cette évaluation est écrite sur une autre ligne. Le compilateur reconnaît qu'il s'agit bien d'une seule et même instruction car le point-virgule constitue le symbole de fin d'ordre. Les espaces peuvent également être utilisés pour clarifier une ligne de programme. C'est ainsi qu'une expression du type :

```
quad = a*x*x + a*b*x*y + b*y*y
```

sera plus facilement lisible si elle est écrite sous la forme :

```
quad  =  (a * x* x) + (a * b * x * y) + (b * y * y)
```

Il n'existe pas de règles, en C, sur l'emploi des espaces blancs, si ce ne sont les règles de bon sens et la nécessité d'écrire des programmes clairs.

Les structures fondamentales du langage C sont les fonctions. Même le bloc principal est une fonction. Si le langage de base ne possède pas de fonctions d'entrée/sortie, les bibliothèques C en comptent de nombreuses et il est facile d'en définir et d'en installer de nouvelles. Le programme suivant montre comment définir une fonction utilisateur nommée **efface** :

```
/*
                    Second Programme
*/
main()
{
    efface();
    puts("\n\n\t Second Programme");
}

efface()
{
```

```
    puts ("\33[H\33[2J");        /* Sequence d'effacement d'ecran */
}                                /* Peut aussi etre le code 12 */
```

L'équivalent BASIC de ce programme serait :

```
DEFFN EFFACE = PRINT CHR$(27) + "[H" + CHR$(27) + "[2J"
EFFACE
PRINT:PRINT
PRINT TAB(2) ;"Second programme"
```

Ce programme comporte deux blocs : la fonction principale, **main**, et la fonction d'effacement d'écran. La première commande de la fonction principale appelle la fonction **efface**. Lorsque celle-ci est exécutée, la séquence **escape H escape 2J** est émise, ce qui provoque l'exécution de l'action commandée. Le programme retourne ensuite à la ligne qui suit celle appelant la fonction **efface** et exécute l'ordre **puts()** qui affiche la chaîne constituant son argument. L'instruction Return est implicite dans toute fonction C ; lorsqu'une fonction a été exécutée, le programme rend la main à la ligne suivant celle qui avait pour objet d'appeler la fonction. A l'inverse de celles de PL/1 ou de Pascal, les fonctions C ne sont pas imbriquées à l'intérieur du programme principal. Le fait qu'elles soient toujours externes et bien séparées du bloc principal semble indiquer que C ignore ce qui se passe à l'intérieur des fonctions (ce qui est effectivement le cas). Les champs d'action du bloc principal et du bloc de fonction ne dépassent pas le cadre de leurs propres limites. Tout en eux n'a qu'une portée locale, ce qui signifie que les variables ne sont connues qu'à l'intérieur des blocs où elles sont déclarées. La notion de portée sera fréquemment utilisée dans cet ouvrage.

Le programme suivant gère une entrée :

```
/* Troisieme Programme */
main()
{
   char nom[64];
   puts ("\33[H\33[2J");             /* effacement d'ecran */
   puts("\n\nTroisieme Programme C\n\n\n");
   printf("Entrez votre nom: ");
   gets(nom);
   printf ("\n\nBonjour ");
   puts(nom);
   puts("\n\t*");
}
```

L'affaire se complique un peu. Une variable, nom, a été déclarée en tant que tableau de caractères comportant 64 éléments. C, comme la plupart des autres langages, déclare ses variables en début de programme afin que le système puisse leur allouer de la place. C ne traite pas les chaînes de la même manière que PL/1 ou BASIC. A l'instar du Pascal, il les place dans des tableaux de caractères. Toutes les fonctions de gestion de chaînes (et elles sont nombreuses) sont prévues pour s'adapter à ces tableaux. La première ligne de code exécutable :

```
puts ('' \33[H \33[2J'') ;      /* Effacement d'écran */
```

efface l'écran sur les terminaux répondant à la séquence indiquée. La commande suivante permet de sauter deux lignes avant d'afficher le titre du programme et de sauter trois lignes supplémentaires. C ne fait rien de lui-même ; si l'on souhaite aller à la ligne, il faut le commander. La ligne de programme suivante demande à l'opérateur d'entrer son nom. Voilà du nouveau : la fonction **gets** attend l'entrée d'une chaîne au clavier :

```
gets(nom);
```

L'équivalent BASIC de **gets** est INPUT et l'instruction BASIC équivalente serait INPUT NOM$.

Le programme lit ensuite, caractère par caractère, la chaîne entrée et la place dans le tableau. Le premier caractère est chargé dans le premier élément du tableau, celui d'indice 0. Le dernier caractère entré au clavier est la paire retour chariot/saut de ligne, qui amène le système à placer un zéro binaire en fin de tableau. En C, le dernier caractère entré est \0 (symbole de fin de chaîne). Si le nom entré est JEAN, il sera stocké sous la forme :

```
JEAN \0
```

Le premier caractère stocké dans nom [0] est J. Le second, stocké dans nom [1] est E, et ainsi de suite. Toute référence sans indice au tableau produit la chaîne entière, à partir de la position 0. Le programme affichera le nom lorsqu'il rencontrera l'instruction suivante :

```
puts (nom)
```

Le moment est venu de mettre ces règles en application. Comme pour tout langage, plus on écrit (et, en C, plus on compile) de programmes, plus vite on en comprend la logique.

LA BOUCLE FOR

Le concept de boucle est important en programmation. Le premier type de boucle C que nous allons étudier est la boucle for. Une boucle est une partie de programme qui se répète un certain nombre de fois. Examinons l'exemple suivant : pendant une période, on décide d'allumer des bougies, d'abord deux le premier jour, puis une bougie de plus chaque jour suivant. Combien de bougies seront brûlées au total ? Le programme de la Figure 1.1 peut servir à calculer la réponse, tout en donnant une bonne illustration de la boucle for.

Figure 1.1 : Illustration de la boucle for.

```
/* Quatrieme Programme */
main()
{
        int n,i,total;
        total=0;
        n=1;
        for (i=1;i<=8;i++)
        {
                n +=1;
                total=total+n;
                printf ("\n jour %2d",i);
                printf ("\n bougies %2d", n);
                printf ("\n total %2d",total);
        }
}
```

Comme la plupart des autres programmes donnés dans ce livre, celui-ci sera disséqué par petits groupes de lignes afin d'examiner la structure du langage.

```
main ()
{
        int n,i,total ;
```

Les variables **n**, **i** et **total** sont déclarées comme étant de type entier ;
cet ordre indique à C qu'il doit allouer la place mémoire nécessaire
au stockage de trois entiers codés sur deux octets (taille normale de
petits entiers).

```
total = 0;
n = 1;
```

Après avoir déclaré trois variables entières, le programme initialise
(assigne des valeurs initiales à) deux d'entre elles. Si les deux variables avaient dû être initialisées à zéro, il aurait été possible d'écrire :

```
n = total = 0;
```

Lorsqu'il procède aux assignations, C lit la ligne de droite à gauche.
Dans ce cas, le **0** est stocké en premier, puis **total** et enfin **n**.

```
for (i = 1;i < =8;i + +)
```

Cette boucle **for** est typique de la syntaxe C ; elle est concise, un peu
sèche, voire ésotérique. Un ordre de la forme :

```
for (;;)
```

indique au programme de boucler. Le premier ordre à l'intérieur de
la parenthèse initialise à 1 l'indice de la boucle. L'ordre suivant est
le test de fin de boucle : tant que **i** est inférieur ou égal à 8, la boucle
s'exécute car la condition est satisfaite (la boucle continue de s'exécuter tant que le test donne un résultat vrai). Le dernier ordre incrémente l'indice. L'ordre **i+ +** augmente **i** d'une unité *après* exécution de la boucle. Si l'on écrivait **+ +i**, **i** serait incrémenté *avant* que
la boucle ne soit exécutée. L'indice peut aussi être décrémenté au
moyen des opérateurs **i− −** ou **− −i**. La boucle de notre programme
commence donc à l'indice 1 et croît par pas de 1 jusqu'à la valeur 8.
    Le bloc de programme suivant calcule le nombre de bougies et affi-
che le résultat à l'écran.

```
{
    n + = 1;
    total = total + n;
    printf (" \n jour %2d",i);
    printf (" \n bougies %2d",n);
    printf (" \n total %2d", total);
}
```

L'exécution se poursuit maintenant ligne après ligne ; n, de valeur initiale 1, est incrémenté par l'ordre n + = 1 dont l'équivalent BASIC est l'instruction N = N + 1. Cette nouvelle syntaxe est assez surprenante, en ce sens qu'elle ne respecte pas la syntaxe algébrique habituelle. En informatique, cette écriture est correcte car il s'agit d'un *ordre d'affectation* qui dit que le contenu de la variable n est désormais égal à lui-même augmenté d'une unité. C'est pourquoi la ligne :

```
total = total + n;
```

aurait pu aussi s'écrire :

```
total + = n;
```

Les ordres **printf** permettent d'afficher les résultats à l'écran. Le premier ordre affiche le mot *jour* et le fait suivre de la valeur de la variable entière i, l'indice de la boucle. C ne tient rien pour acquis et ne fait rien de lui-même. Si on lui dit d'afficher 48 sans mettre ce nombre entre guillemets, il affichera 0, c'est-à-dire le caractère ayant 48 comme numéro de code ASCII.

L'affichage obtenu est le suivant :

```
jour 1
bougies 2
total 2
jour 2
bougies 3
total 5
jour 3
bougies 4
total 9
...
```

Comment modifier le programme pour ne pas faire apparaître les totaux intermédiaires ? C'est ce que présente le programme de la Figure 1.2.

Figure 1.2 : Une autre utilisation de la boucle for.

```
main ( )
    {
        int n,i,total;
        total=0;
        n = 1;
        for ( i = 1 ; i <= 8 ; i++ )
        {
            n += 1;
            total += n;
            printf ("\n jour %2d",i);
            printf ("\n bougies %2d",n);
        }
        printf ("\n total %2d", total);
    }
```

Le listing de ce programme est sensiblement différent du précédent. La boucle s'exécute en affichant les jours et le nombre de bougies mais pas les totaux partiels car le bloc s'arrête avant l'ordre demandant d'afficher le total du jour. La dernière ligne ne s'exécute que lorsque l'on a quitté la boucle, après la huitième itération.

UTILISATION DE LA BOUCLE FOR POUR CRÉER UN TABLEAU DE CARACTÈRES

Le programme de la Figure 1.3 crée un tableau, caractère par caractère, au moyen d'une boucle **for**.

Figure 1.3 : Création d'un tableau de caractères.

```
/* Cinquieme programme */

main()
{
    char chaine[64];/* declare une chaine de caracteres de 64 elements */
    int i,ch;
    puts ("\33[H\33[2J");
    puts("\n\n\n\n\n\tDemo. sur les chaines et les caracteres\n\n");
    for (i=0;i<=64; i++)
    {
        printf ("\nEntrez un caractere : ");
        ch=getch();
        if (ch=='\r')
            break;
        printf ("\nLe caractere est ");
        putch (ch);
        chaine[i]=ch;
```

```
    chaine [i+1]='\0';
    printf ("\nLa chaine est ");
    puts (chaine);
   }
  printf ("\n\n chaine finale : ");
 puts (chaine);
}
```

La partie exécutable du programme commence par une boucle qui permet d'obtenir jusqu'à 64 caractères :

```
for (i = 0;i < = 64;i + +)
{
    printf (" \n Entrez un caractère : ");
    ch = getch ();
    if (ch = = ' \r')
        break;
```

La console demande à l'opérateur d'entrer un caractère et la commande **getch** () récupère un à un ces caractères. ch est déclaré en tant que simple caractère et non pas en tant que chaîne. ch est testé pour voir si le caractère saisi est un retour chariot (seulement le caractère retour chariot et non pas la paire retour chariot/saut de ligne). Dans le cas où le résultat de ce test est positif, le programme quitte la boucle par l'intermédiaire de la commande **break** Il s'agit là de l'un des moyens dont on dispose en C pour changer la marche d'un programme à l'intérieur d'une boucle. La commande **break** fait passer le programme à la ligne qui suit la fin du bloc, soit dans ce cas :

```
printf (" \n \n Chaine finale : ");
```

Si l'on utilisait la commande **exit** (), on provoquerait l'arrêt de l'exécution de programme et on rendrait la main au système. La commande **continue** arrêterait la progression du programme et on reviendrait dans la boucle.

Si ch n'est pas le caractère retour chariot, l'exécution des instructions contenues dans la boucle **for** se poursuit :

```
printf (" \n Le caractère est ");
putch (ch);
chaine[i] = ch;
```

Lorsque le caractère saisi a été envoyé en écho à l'écran, il est affecté à la position de queue du tableau de caractères.

L'étape suivante permet d'afficher la chaîne, après que celle-ci a été complétée par un symbole de fin de chaîne \0 :

```
chaine [i+i]=' \0';
printf (" \n La chaine est ");
puts (chaine);
```

L'ordre **puts (chaine)** permet d'afficher la chaîne complète. Ce concept est important ; cet ordre commande l'affichage du tableau de chaîne en commençant à la position 0, c'est-à-dire à partir du premier élément. Ce tableau est finalement envoyé à la console :

```
printf (" \n \n Chaine finale : ");
puts (chaine);
```

LA BOUCLE WHILE

L'utilisation de la boucle **while** (qui signifie *tant que*) est illustrée par le programme de la Figure 1.4.

Figure 1.4. : La boucle while.

```
/* Sixieme Programme */
main()
{
char chaine [64];
int i;

    i=0;
    printf ("Entrez une chaine: ");
    gets (chaine);
    while (chaine[i] != '\0')          /* boucle while */
    {
        putch (chaine [i++]);
        puts ("\n");
    }
    puts ("\n\t");
    puts (chaine);
}
```

Ce programme permet de saisir une chaîne à la console et de la décomposer caractère par caractère.

```
while (chaine [i] != ' \0')      /* Boucle while */
```

Le while de C est identique à celui de Pascal et de PL/1 et au WHILE...WEND de certains BASIC. Tant que l'expression entre parenthèses est vraie, la boucle s'exécute. Dans le programme donné en exemple, une condition négative permet d'effectuer un test du type *tant que x n'est pas vrai* car l'opérateur ! = signifie *différent de*. On aboutit donc à ceci : tant que le caractère extrait de la chaîne n'est pas le symbole de fin de chaîne, le bloc interne à la boucle while affiche chaque caractère extrait, à l'aide de la fonction putch () (et non pas puts, qui afficherait toute la chaîne) :

```
{
    putch (chaine[i + +]);
    puts (" \n");
}
```

A chaque passage, l'indice de boucle est incrémenté par i+ +. Un saut de ligne est effectué pour séparer les caractères extraits. Finalement, le programme affiche les caractères de la chaîne en les disposant en colonne.

LA BOUCLE DO-WHILE

Il existe un autre type de boucle, la boucle do...while. Le programme de la Figure 1.5 a été élaboré à partir de celui de la Figure 1.4, en utilisant cette fois une boucle do...while. Les deux programmes sont très semblables, la seule différence concernant la condition de sortie de la boucle. Avec un while, on teste la condition de sortie au début de la boucle ; le do...while effectue ce test en fin de boucle.

Figure 1.5 : La boucle do-while.

```
/* Septieme Programme */
main()
{
char chaine[64];
int i;

    i=0;
    printf ("Entrez une chaine: ");
```

```
gets (chaine);
do
{
        putch (chaine[i++]);
        puts ("\n");
}
while (chaine [i] != '\0');
puts ("\n\t");
puts (chaine);
}
```

C ne se contente pas de nous faire tourner en rond. Il sait aussi prendre des décisions. C'est, par exemple, l'objet de l'ordre **if**.

L'ORDRE IF

Tous les langages de programmation comportent un ordre **if** ; celui de C compte parmi les plus puissants. Il se comporte non seulement comme le IF du FORTRAN, mais aussi comme le IF-THEN-ELSE du BASIC et le IF-ELSE-IF de PL/1. Le **if** de C opère de la manière suivante :

```
if (condition)
    ordre;
        else
            ordre;
```

L'expression **(condition)** à l'intérieur des parenthèses doit être vraie pour que l'ordre qui suit soit exécuté. Si elle ne l'est pas, c'est l'ordre qui suit le **else** qui est exécuté.

Utilisons par exemple les variables entières rouge et vert :

```
if (rouge)
    stop ();
        else
            if (vert)
                avance ();
                    else
                        recul () ;
```

Lorsque C examine une expression logique telle que if **(rouge)**, il évalue l'expression et lui assigne la valeur 0 si elle est fausse. L'ordre if considère un zéro comme faux et toute autre valeur comme vraie. Remarquons que le code est très indenté, pour des raisons de clarté. La séquence précédente de **if-else-if-else** s'enchaîne par niveaux. Chaque nouveau test ou ordre est imbriqué plus profondément que le précédent, ce qui lui donne un rang de subordination. Un **else** est ainsi toujours subordonné à un **if**.

Il est important de faire attention à la position des accolades. Si une accolade ouverte n'a pas été refermée, le compilateur refusera probablement de continuer. Même si le compilateur est bienveillant, le code ne sera pas compilé. Afin d'être sûr que les accolades soient équilibrées, il est préférable de placer chaque accolade fermée à la verticale de l'accolade ouverte correspondante. Par exemple, l'exactitude du code suivant est difficile à vérifier :

```
if (rouge){
    stop ();
    exit ();
}
```

Ce bloc devra plutôt être écrit de la manière suivante :

```
if (rouge)
{
    stop ();
    exit ();
}
```

Le programme ci-dessous donne un exemple d'utilisation de l'instruction **if**.

Figure 1.6 : L'instruction if.

```
/* Huitieme programme - L'ordre if */
main()
{
        char chaine [64], car;
        int i, nmot;

        nmot=1;
        printf ("Entrez une phrase: ");
        gets (chaine);
        for (i=0; chaine [i] != '\0' ; i++)
        {
            car = chaine [i];
            putch (car);
            printf ("\tValeur du caractere %2d \n\n", car);
            if (car == 0x20)
                    nmot+= 1;
        }
        printf ("\n\nla phrase compte %2d mots et %2d caracteres",nmot,i);
}
```

Examinons les premières lignes de code :

```
main ()
{
    char chaine[64],car;
    int i,nmot;
```

La ligne **char chaine[64], car** permet de déclarer deux variables caractère : une variable caractère simple (encore appelée *scalaire*, **car**, et une variable agrégée, le tableau de chaîne **chaine**. Les variables **i** et **nmot** sont de type entier.

```
    nmot = 1;
    printf ("Entrez une phrase : ");
    gets (chaine);
```

Le nombre de mots (variable **nmot**) est initialisé à 1. L'instruction **printf** permet d'afficher à l'écran le message "Entrez une phrase :". L'instruction **gets (chaine)** permet de saisir la chaîne à traiter par le programme. On retrouve ensuite une boucle **for** :

```
    for (i = 0;chaine[i] != ' \0';i + +)
```

La variable **i** est initialisée à 0, la boucle est répétée jusqu'à atteindre le symbole de fin de chaîne \0, et l'indice est incrémenté d'une unité à chaque itération. Chaque caractère du tableau est ensuite successivement affecté comme valeur à la variable **car**.

```
    {
        car = chaine[i];
        putch (car) ;
```

La valeur d'un élément du tableau de chaîne est stockée dans la variable scalaire **car**. Un scalaire est une variable qui ne représente qu'une valeur unique. Comme il s'agit dans ce cas d'un caractère, celui-ci peut être édité au moyen de la fonction **putch()**.

Le code de chaque caractère est ensuite affiché :

```
    printf (" \t Valeur du caractère %2d \n \n",car);
```

Il faut bien percevoir l'équivalence entre caractère et variable entière : les caractères sont des variables entières et les entiers sont des caractères dans la mesure où les caractères ASCII sont représentés sous la forme d'entiers compris entre 0 et 255. C a affaire à des primitives du système et il sait établir la différence, pourtant subtile, entre un caractère ASCII et son équivalent numérique. Les ordres :

```
(car = = 0X20)
(car = = 32)
(car = = ' ')
```

produisent tous le même effet. 20 en hexadécimal est égal à la valeur décimale 32 et le 32e caractère ASCII est l'espace.

Revenons sur le égal logique (= =). Le signe égal simple (=) sert aux affectations, comme le = de Pascal. Le égal logique (= =) sert aux comparaisons, comme le (.EQ.) de FORTRAN. Si l'on utilise le signe égal d'affectation pour une comparaison, C n'émet pas de message d'erreur. Il considère simplement la condition comme satisfaite car l'expression ne génère pas une valeur nulle ou fausse (tout ordre logique génère de façon interne un 0 s'il est faux).

L'ordre **printf** introduit un concept nouveau :

```
printf (" \t Valeur du caractère %2d \n \n", car);
if (car = = 0X20)
    nmot + = 1;
}
```

Certains langages de programmation sont capables de formater les sorties de variables pour n'imprimer qu'un nombre précis de caractères ou de chiffres. L'ordre **printf** () est un ordre d'impression formatée. Remarquons le %2d : il s'agit d'un mnémonique, façon utilisée en C pour indiquer que la variable à imprimer est un entier décimal codé sur deux octets. Le programme cherche alors, après le texte entre guillemets, une variable au format indiqué. L'entier décimal stocké dans la variable **car** est alors affiché à la suite du message ''Valeur du caractère''. Si le caractère est un espace, la variable **nmot** est augmentée d'une unité.

Le programme affiche finalement le nombre de mots et de caractères contenus dans la chaîne saisie :

```
printf (" \n \n La phrase compte %2d mots et %2d caractères",nmot,i);
```

Les entiers stockés dans les variables **nmot** et i remplacent, au moment de l'affichage, les mnémoniques %2d.

C n'est pas très porté sur les contrôles d'erreurs : il suppose que le programmeur s'en est occupé. Contrairement à PL/1 qui fouille la ligne pour trouver d'éventuels autres formats, C donne des résultats imprévisibles si le format ne correspond pas à la variable. Par exemple, si la chaîne ''Duval de Grace'' est formatée avec **%5s**, Duval sera affiché. C suit les ordres à la lettre...

Le programme de la Figure 1.6 affiche sur une colonne les numéros de codes ASCII des caractères de la chaîne saisie en entrée. En fin de boucle, la longueur de la chaîne ainsi que le nombre de mots qu'elle contient sont finalement affichés. Ce programme illustre la manière dont les traitements de texte et les compilateurs procèdent pour vérifier certains caractères. On peut cependant réaliser la même chose de manière beaucoup plus simple. La Figure 1.7 présente par exemple une version épurée du même programme. La simplification majeure est introduite par la ligne suivante :

```
if (chaine[i] = = ' ')
```

qui évite la conversion en entier décimal.

Figure 1.7 : Compteur de mots et de caractères.

```
/* Neuvieme Programme - Comptage de Mots */
main ()
{
        char chaine [64];
        int i,nmot;

        nmot = 1;
        printf ("Entrez une phrase: ");
        gets (chaine);
        for ( i = 0 ; chaine [i] != '\0' ; i++)
        {
              if (chaine [i] == ' ')
                    nmot += 1;
        }
        printf ("\nLa phrase compte %2d mots et %2d caracteres",nmot,i);
        printf ("... blancs compris.");
}
```

Bien que les chaînes de caractères puissent être comparées caractère par caractère, C ne permet pas d'affecter le contenu d'une variable de chaîne à une autre par un ordre du type :

```
chaine 1 = chaine 2
```

Les affectations de chaînes seront examinées plus avant dans l'ouvrage. Retenons pour l'instant que le langage C ne peut pas manipuler les chaînes aussi directement que peut le faire le BASIC.

RÉSUMÉ

Chaque module de programmation ou bloc de programme est une *fonction*, y compris le bloc principal *(main)*. Il existe plusieurs types de fonctions, par exemple les fonctions internes au langage (telles que la fonction **puts ()**). Les fonctions de langage sont créées par le concepteur du compilateur ; plus le compilateur est performant, plus il comporte de telles fonctions. Leur mécanisme est transparent à l'utilisateur ; celui-ci se contente de les appeler pour obtenir un résultat. Le programmeur peut également créer ses propres fonctions, par exemple une fonction destinée à effacer l'écran. Les fonctions sont fondamentales en C ; aussi aura-t-on l'occasion d'y revenir tout au long de cet ouvrage. Quatre chapitres sont ainsi consacrés à la bibliothèque de fonctions C, à sa maintenance et à sa mise à jour.

Les *chaînes* sont des groupes de caractères comparables aux mots du vocabulaire d'une langue. De nombreux langages de programmation traitent les chaînes comme un type particulier de variables. Il n'en est pas ainsi en C où elles sont considérées comme de simples tableaux de caractères. Un mot de six lettres est stocké dans un tableau de sept éléments, de 0 à 6, le dernier élément étant un zéro binaire qui marque la fin de la chaîne. Comme la plupart des autres langages, C commence la numérotation des tableaux à partir de l'indice 0.

Une *boucle* est la répétition ou l'itération d'un ordre ou d'un groupe d'ordres. Nous avons ainsi examiné les boucles **for**, **while** et **do-while**. Une boucle se répète jusqu'à ce qu'une condition particulière soit satisfaite. Les boucles **for** et **while** testent une telle condition avant chaque itération, la boucle **do-while** effectuant le test en fin de parcours. La boucle **for** se distingue par le fait qu'elle dispose d'un compteur incorporé à sa structure de base. On parle parfois dans son cas de boucle incrémentée.

Ce chapitre a également abordé de manière sommaire la description de l'ordre **if**. Nous en verrons d'autres utilisations en cours d'ouvrage. Il faut cependant percevoir dès à présent le concept de test logique (ou booléen). Les opérateurs logiques comparent des opérandes et génèrent une réponse vraie ou fausse. Ces opérateurs sont symbolisés par les caractères ou groupes de caractères suivants : $<$, $>$, $>$ = , $<$ = , $=$ = , $\div$, && (et logique), $\|$ (ou logique) et ! (non logique). Une expression booléenne ou logique est une expression comportant au moins l'un de ces opérateurs.

Les expressions booléennes sont utilisées pour tester une condition dans certaines tournures de programmes. La boucle **for** est l'une de ces tournures. La condition (i $<=$ 8) ne peut être que vraie ou fausse. Si la valeur courante de i est 5, la condition est vraie. Si i vaut 9, la condition n'est pas satisfaite. Lorsque l'expression est fausse, la valeur 0 lui est affectée de manière interne. Lorsqu'elle est vraie, une valeur non nulle est retournée comme résultat de l'opération. La boucle **while** et l'ordre **if** utilisent eux aussi une expression booléenne ou logique. Le chapitre suivant étudie plus en détail les nombreux opérateurs utilisables dans une expression logique.

2. OPÉRATEURS : HIÉRARCHIE ET ASSOCIATIVITÉ

Dans ce chapitre sont présentées de nombreuses facettes de C. Beaucoup de définitions y sont données, qui doivent servir d'abord de références ; la plupart d'entre elles seront revues plus tard en détail. Inutile d'essayer de les apprendre toutes, il suffit de retenir l'endroit où les trouver en cas de besoin.

LES OPÉRATEURS

La liste d'opérateurs de C se rapproche en nombre et en qualité de celle de PL/1. C'est souvent grâce aux opérateurs que les choses arrivent. Par définition, un opérateur est un symbole qui décrit une opération à effectuer. Le simple opérateur d'affectation = de l'expression

    x = 0;

indique à l'ordinateur d'affecter la valeur 0 à la variable x. Les symboles + − / * sont tous des opérateurs familiers.

L'ordre dans lequel les opérations sont effectuées est appelé *ordre de priorité*, ou *hiérarchie*. L'expression

    a = b + c;

ne marcherait évidemment pas si l'ordre d'affectation était exécuté avant l'addition, d'où l'intérêt de règles de priorité.

La *direction* selon laquelle les opérations sont effectuées est, elle aussi, importante. L'addition de b à c a lieu de gauche à droite, mais que se passe-t-il pour l'affectation ? Elle doit être effectuée de droite à gauche, sinon comment le résultat de b + c pourrait-il passer dans a ? Le sens d'évolution des opérations s'appelle l'*associativité*. Lors de manipulations d'opérateurs, on devra donc se soucier de hiérarchie et d'associativité.

Les opérateurs se rangent en trois classes :

1. Les opérateurs *unaires* : ils opèrent sur une seule valeur. Par exemple :

    − n

2. Les opérateurs *binaires* : ils opèrent sur plus d'une valeur. Par exemple :

    2 − n

3. L'opérateur *ternaire ?* : cas unique qui opère sur trois valeurs. Par exemple :

    a = (b > c) ? d : e

C possède une multitude d'opérateurs ; à l'exception du signe @ et du ', il n'y a pas de caractère alphanumérique imprimable qui ne soit utilisé, seul ou en combinaison avec d'autres, comme opérateur C. Les opérations possibles sont aussi variées que les opérateurs qui les représentent.

Arrivés à ce stade, définissons quelques concepts avant d'aborder les définitions de tous ces opérateurs.

LVALEURS

Une *lvaleur* est une variable ou constante qui possède une adresse fixe en mémoire. De façon typique, une lvaleur est une valeur placée à gauche du signe d'affectation = dans une expression, comme dans

    a = b + c;

Dans cet exemple, **a** est une lvaleur. La notion de lvaleur, très importante en C, est reprise en détail au Chapitre 4.

SCALAIRES ET AGRÉGATS

On parle de scalaires ou d'agrégats (variables agrégées) selon que des variables possèdent une ou plusieurs valeurs. Un scalaire ne possède qu'une valeur :

```
a = 1;
```

Une variable agrégée, par contre, en possède plusieurs, comme dans le cas d'un tableau ou d'une structure. (Les structures sont traitées aux Chapitres 3 et 8.) Voici en guise d'exemple une initialisation de variable agrégée :

```
for (i = 1 ; i < = 10 ; i+ +)
a [i] = n+ +;
```

DÉFINITIONS

OPÉRATEURS

+   **Opérateur traditionnel d'addition**

Avec les opérateurs arithmétiques, les deux opérandes doivent être arithmétiques (entiers ou flottants), sauf dans le cas de calculs sur pointeurs où l'un des opérandes est un entier et l'autre un pointeur.

Exemples :

```
c = a + b;
ptr_1 = ptr + 4;
```

+ +   **Opérateur d'incrémentation**

Cet opérateur augmente de 1 la valeur à laquelle il est associé. Cette valeur doit être un scalaire.

Exemples :

```
+ +i   incrémente d'abord i puis opère
i+ +   opère puis incrémente i
```

– **Opérateur traditionnel de soustraction**

Les deux opérandes doivent être entiers ou flottants, à moins que l'un d'eux ne soit un pointeur, auquel cas le second opérande doit être un entier.

Exemples :

```
c = a − b;
ptr_1 = ptr − 4;
```

– **Opérateur unaire de négation**

Le résultat de − **a** est une *rvaleur* de signe opposé à la *lvaleur* **a**. La cible de l'opérateur unaire, la variable **a** dans ce cas, doit être une lvaleur (posséder un emplacement mémoire). Le résultat de l'opération est une expression simple qui, elle, ne possède pas d'affectation en mémoire : c'est une rvaleur. Pour la conserver, il faut affecter cette expression à une variable d'adresse permanente (lvaleur). La variable **a** doit être entière ou flottante.

Exemple :

```
c = −a;
```

– – **Opérateur de décrémentation**

La valeur décrémentée doit être scalaire. Le résultat de l'opération est égal à la valeur initiale diminuée de 1.

Exemples :

```
−−i   décrémente d'abord, puis opère
i−−   opère, puis décrémente
```

* **Opérateur traditionnel de multiplication**

Exemple :

```
c = a * b;
```

*ptr   **Opérateur indirect**

L'expression ***ptr** fait référence au contenu de l'adresse que désigne le pointeur **ptr**. La variable **ptr** doit avoir été déclarée du type *pointer* (voir Chapitre 4 sur les pointeurs).

/   **Opérateur traditionnel de division**

Les deux opérandes doivent être arithmétiques. La priorité est de même rang que celle de la multiplication. Dans l'exemple suivant, le résultat est le quotient de la division de **b** par **c**.

Exemple :

```
a = b / c;
```

=   **Opérateur d'affectation**

Cet opérateur est le même que le : = de Pascal. La variable placée à sa gauche est par définition une lvaleur. L'ordre d'affectation ne peut opérer que sur des scalaires ou des éléments de tableaux, d'unions ou de structures. Des chaînes ne peuvent pas être affectées à des chaînes car ce sont des valeurs agrégées. Dans l'exemple suivant, le contenu de **b** est affecté à la variable **a**. Si **a** est un pointeur, **b** peut être un pointeur ; sinon, les deux doivent être arithmétiques ou de type *character*.

Exemple :

```
a = b;
```

+ =   **place dans une variable le résultat d'une addition où elle-même intervient.**

Exemple :

```
a + = 2;   est équivalent à   a = a + 2;
```

− =   **place dans une variable le résultat d'une soustraction dont elle-même est l'objet.**

Exemple :

a − = 2; est équivalent à a = a − 2;

* = **place dans une variable le résultat d'une multiplication où elle-même intervient.**

Exemple :

a *= 2; est équivalent à a = a * 2;

= = **Égalité logique**

Ne doit pas être confondue avec l'ordre d'affectation. L'opérateur = = n'est utilisé que pour des comparaisons et ne renvoie qu'une valeur booléenne vraie ou fausse.

Exemple :

if (a = = b)

! = **Opérateur différent de**

Teste si les valeurs qui l'entourent ne sont *pas* égales.

Exemple :

if (a ! = b)

< **Opérateur inférieur à**

Teste si la valeur de gauche est inférieure à celle de droite.

Exemple :

if (a < b)

< = **Opérateur inférieur ou égal**

Teste si la valeur de gauche est inférieure ou égale à celle de droite.

Exemple :

if (a < = b)

> **Opérateur supérieur à**

Teste si la valeur de gauche est supérieure à celle de droite.

Exemple :

    if (a > b)

> = **Opérateur supérieur ou égal**

Teste si la valeur de gauche est supérieure ou égale à celle de droite.

Exemple :

    if (a > = b)

& **Opérateur adresse**

Renvoie l'adresse ou le pointeur de la variable à laquelle il est accolé. Celle-ci doit donc posséder une adresse, donc être un lvaleur.

Exemple :

    &x donne l'adresse de x

&& **Opérateur logique *et***

Effectue un *et logique* sur les expressions situées de part et d'autre de lui-même.

Exemple :

    if (a = = b && c != d)

|| **Opérateur logique *ou***

Effectue un *ou logique* sur les expressions de part et d'autre de lui-même.

Exemple :

    if (a = = b || a = = c)

! **Opérateur logique *non***

Inverse la condition de l'expression qu'il précède. Le test global produit un scalaire. Le résultat global sera vrai si la condition testée est évaluée à 0, avant inversion. Il sera faux si la condition est vraie.

Exemple :

```
while ( !EOF)
```

~ **Opérateur de complément à 1**

Renvoie le complément à 1 de son opérande (j dans l'exemple), qui doit être un entier.

Exemple :

```
b = a & ~ j
```

— > **Opérateur de pointeur de structure**

Dans l'exemple suivant, **p** doit pouvoir se ramener à un format de pointeur de structure ou d'union possédant un champ nommé **struct_memb** (voir le Chapitre 4 pour les **structures** et **unions** ainsi que les Chapitres 9 et 14 pour le *remodelage* de variables).

Exemple :

```
p — > struct_memb;
```

% **Opérateur modulo**

Retourne le reste d'une division. Les deux opérandes doivent être entiers. La priorité est du même ordre que pour la multiplication.

Exemple :

```
reste = a % b;
```

Il n'existe pas d'opérateurs d'exponentiation. Celle-ci est traitée par une fonction.

Les opérateurs suivants servent tous à diverses *manipulations de bits*. Ils ne sont présentés que par souci d'exhaustivité : la manipulation de bits est un concept avancé qui servira peu au programmeur débutant ou de niveau moyen. De plus, il n'est pas supporté par tous les compilateurs.

< <   Opérateur de décalage à gauche

Décale vers la gauche les bits d'une expression.

Exemple :

>a < < 2   décale les bits de a de deux positions à gauche

> >   Opérateur de décalage à droite

Décale vers la droite les bits d'une expression.

Exemple :

>a > > 2   décale les bits de a de deux positions à droite

&   Opérateur *et logique* au niveau bit

Effectue un *et logique* à l'échelle binaire sur les valeurs qui l'entourent.

Exemple :

>a = a & masque;

| Opérateur *ou logique* au niveau bit

Effectue un *ou logique* à l'échelle binaire sur les valeurs qui l'entourent.

Exemple :

>a = a | masque;

^   Opérateur *ou exclusif* au niveau bit

Effectue un *ou exclusif* à l'échelle binaire entre les entiers qui l'entourent.

Exemple :

```
b = c ^ a;
```

LES CARACTÈRES ESCAPE

Certains caractères non affichables ou non graphiques sont représentés en C par une séquence *escape* commençant par un caractère \. La barre inverse \ est un caractère d'échappement qui modifie le sens du caractère suivant. Afin d'éviter tout risque de confusion dans leur énumération, la valeur ASCII des caractères est listée en hexadécimal avec le caractère de contrôle correspondant. 0x, ou 0X, est la notation C standard pour indiquer l'emploi d'une base hexadécimale.

\	Caractère d'échappement pour représenter des constantes caractère.		
\n	Saut de ligne	0x0A	^J
\r	Retour chariot	0x0D	^M
\0	Symbole de fin de chaîne	0x0	^
\t	Tabulation	0x9	^ |
\ \	Barre inverse	0x5c	\
\oo	Échappement pour constantes octales ; par exemple, '\032' (32 octal ou 1A hexadécimal)		
\f	Saut de page	0x0C	^L
\"	Guillemets	0x22	

CARACTÈRES DE CONVERSION DES SAISIES ET ÉDITIONS FORMATÉES

%_ Opérateur de conversion de format pour fonctions d'impression et de balayage formatées telles que **printf** () et **scanf** ().

%d Entier décimal ; par exemple, **printf** ("%5d",i); affiche l'entier décimal i sur cinq caractères et justifié à droite.

%o Entier octal.

%x Entier hexadécimal.

%h	Entier court (varie avec le système et peut ne pas être disponible sur des sous-ensembles du C UNIX 7).
%u	Entier non signé.
%s	Chaîne de caractères.
%e	Notation exponentielle.
%f	Nombre à virgule flottante.
%g	Utilise le plus court de %e et %f.

SYMBOLES DIVERS

?: Opérateur ternaire

Il fonctionne comme suit :

```
a = ( b != c ) ? d : e ;
```

qui est l'équivalent de :

```
if ( b != c )
   a = d;
      else
         a = e;
```

 # Caractère de précompilation

N'est pas un opérateur (voir Chapitres 5 et 9).

Exemples :

```
#include
#define
```

_ Séparateur

N'est pas un opérateur non plus ; _ est un séparateur légal en C.

Exemple :

```
divi__se
```

Un séparateur sert à fournir un espace visuel entre des éléments pour en faciliter la lecture sans brouiller les pistes du compilateur et lui faire croire qu'il a affaire à des variables différentes (comme le ferait un espace blanc).

PONCTUATION

Pour en finir avec les symboles, examinons la ponctuation de C.

- { **Accolade gauche,** sert à ouvrir un bloc.
- } **Accolade droite,** sert à fermer un bloc.
- (**Parenthèse ouverte,** sert à ouvrir une expression et/ou à lui donner priorité sur la hiérarchie.
-) **Parenthèse fermée,** idem mais pour fermer la parenthèse.
- [**Crochet ouvert,** pour cerner un indice de tableau.
-] **Crochet fermé,** idem pour fermer les crochets de l'indice.
- ' **Apostrophe,** pour entourer tout caractère ASCII affichable et obtenir sa valeur numérique. Par exemple :

      numascii = n + '0' ;

- " **Doubles guillemets,** utilisés pour entourer des constantes chaînes de caractères. Par exemple :

      printf ("%s \n","chaine");

- , **Virgule,** utilisée pour séparer des variables et des opérations. Par exemple :

      printf ("nom = %s index = %d",n,i);

- . **Opérateur membre de structure,** le point sert à relier le nom du membre à sa structure (voir Chapitre 5). Dans cet exemple, strct doit être une lvaleur :

      strct.membre

: **Fin d'étiquette.** Par exemple :

label:

; **Symbole de fin d'ordre.** Par exemple :

if (a = = b) c = a = b;

ORDRE DE PRIORITÉ (HIÉRARCHIE) ET ASSOCIATIVITÉ

Une *hiérarchie* est un groupe de personnes ou de choses arrangées par ordre ou par rang. Dans le contexte informatique, cela désigne l'ordre de priorité entre opérateurs logiques ou arithmétiques. Si on n'utilise pas de parenthèses pour imposer des priorités, les opérations s'effectuent dans l'ordre dicté par la hiérarchie.

L'*associativité* désigne la direction dans laquelle les opérateurs s'associent avec les opérandes, soit de gauche à droite, soit de droite à gauche.

La Figure 2.1 montre comment sont mis en œuvre les concepts de hiérarchie et d'associativité. La table est organisée par ordre de hiérarchie décroissante.

Les opérateurs primaires sont traités les premiers, avant les opérateurs unaires qui viennent en second. L'associativité de chaque groupe d'opérateurs est indiquée par une flèche qui montre le sens d'évolution de l'opération.

Cette table montre en clair l'importance du concept d'associativité. L'ordre d'affectation, qui va de droite à gauche, permet d'écrire :

a = b = c = d = e = f = 0;

C commence par la droite et affecte 0 à **f**, puis **f** à **e**, puis **e** à **d**, etc., jusqu'à **a**. La table montre que la hiérarchie est tout aussi importante. L'expression :

a = x * x + x * y + y * y;

est évaluée comme suit :

Figure 2.1 : Table de priorité et d'associativité.

Opérateur	Associativité	Description
() [] →	→	primaire
! + + – – – * &	←	unaire
* / %	→	multiplicatif
+ – –	→	additif
< < > >	→	décalage
< < = = > >	→	relationnel
= = !=	→	égalité
&	→	niveau bits
^	→	niveau bits
|	→	niveau bits
&&	→	logique
||	→	logique
?:	←	conditionnel
= += – =	←	affectation
	→	virgule

```
a = ( x * x ) + ( x * y ) + ( y * y );
```

L'opérateur de multiplication a priorité sur l'addition. La hiérarchie peut être modifiée par des parenthèses ; les expressions entre parenthèses sont alors évaluées les premières :

```
a = x * ( x + x ) * ( y + y * y );
```

3. TYPES DE DONNÉES, CLASSES
ET ORGANISATION DU STOCKAGE

TYPES DE DONNÉES

Il existe un risque de confusion entre les données caractères et les données entières de C. Voici donc quelques éléments de clarification sur ce sujet.

Toute donnée manipulée par le système d'exploitation est traitée en tant que donnée entière sur 8 bits. L'unité de base des transmissions de données sur ordinateurs digitaux est l'octet de 8 bits. Les huit bits qui constituent l'octet sont numérotés de 0 à 7. Les caractères ASCII purs ont leur dernier bit — le septième — *éteint* (mis à zéro). Le fait d'éteindre ce bit laisse à cet octet de 7 bits utiles la possibilité de représenter 128 caractères différents. C'est pour cela que le code ASCII compte 128 caractères. Les 33 premiers (codés de 0 à 32 en décimal) ne sont pas affichables ; il s'agit des blanc, retour chariot, tabulation, saut de ligne, saut de page, sonnerie, etc. Les caractères 33 à 126 sont imprimables, comme ceux que vous êtes en train de lire. (Le A majuscule, par exemple, a le code ASCII 65 décimal ou 41 hexadécimal.) Le dernier caractère (127 décimal) est un caractère d'effacement.

Lorsque le septième bit des octets est activé, ceux-ci peuvent couvrir une gamme plus étendue de valeurs numériques. En vertu du principe du complément à 1, les 128 valeurs supplémentaires obtenues sont normalement négatives. En tant que caractères, ils possèdent un sens dans la codification EBCDIC (jamais utilisée sur micro-ordinateurs) ou en ASCII étendu.

Lorsque C émet ou reçoit un caractère, c'est avant tout un octet qu'il échange. Si l'octet doit être compris par la console, qui est le périphérique standard d'entrée/sortie de C, il faut qu'il représente un caractère. C'est ici que se produit souvent la confusion ; comme tous les caractères sont des entiers, un caractère peut être représenté sous forme d'entier (type de donnée : *integer*) aussi bien que sous forme de caractère ou scalaire (type de donnée : *char*). Pour cette raison, tous les caractères scalaires peuvent être des entiers. On verra que cette possibilité peut s'avérer utile.

Les données de C se répartissent en plusieurs types. Quelles que soient les données que l'on traite (entiers, virgules flottantes, caractères, structures, etc.), on doit préciser leur type. En cas d'omission du type, C ne peut ni stocker ni manipuler les données d'un programme. Le problème est donc de savoir *quel* type de données spécifier. C'est ce que nous allons voir maintenant.

LE TYPE CHAR

Les tableaux de caractères, qui permettent à C de traiter ses chaînes, doivent être déclarés avec le type **char**. Les variables caractère peuvent être déclarées avec le type **char**, mais elles peuvent également être manipulées avec le type entier. Le programme ci-dessous permet d'éclairer ce point. Son objet est simplement de saisir un caractère et de l'afficher jusqu'à ce qu'un Ctrl-Z soit frappé :

```
main ()
{
    int c;

    c = getch ();
    while (c != 26)
    {
        putch (c);
        c = getch ();
    }
}
```

Il est à noter que le caractère **c** est déclaré comme entier. On s'attendrait plutôt à ce qu'il soit déclaré de type **char**, puisqu'on traite une saisie de caractères. On peut cependant tout aussi bien utiliser le type *integer* (entier).

Il est également important de noter qu'en C, le type **char** ne représente pas une chaîne comme en BASIC ou en PL/1. En C, un caractère est un scalaire simple. Une chaîne est un tableau de caractères terminé par le symbole \0. Lorsqu'un caractère est placé entre apostrophes, comme '0', C renvoie sa valeur entière. Par exemple, '0' donnera 030 hexadécimal. On peut le vérifier très simplement à l'aide du petit programme suivant :

```
main ()
{
    if ('0' = = 0X30)
        puts ("Exact");
            else
                puts ("Comment ça ?");
}
```

Ce programme affichera "Exact", car la valeur ASCII du caractère 0 est bien 030 en hexadécimal.

Dans un système 8 bits, un *mot* est formé de deux octets, soit 16 bits, et un entier est la valeur produite par deux octets. Il en résulte que les entiers sont des *mots machine*, mais tout mot machine n'est pas forcément un entier. On sait qu'il existe des *entiers signés* (-32, $+12$, etc.) et des *entiers non signés* (843, 9, etc.). Les deux catégories ne sont pas représentées de la même façon dans la machine. Les entiers non signés sont codés sur 16 bits et couvrent le domaine de 0 à 65 535. Pour obtenir les entiers signés sur 16 bits, on applique en général le principe du *complément à 1*. Il a pour effet de diviser par 2 le nombre d'entiers positifs disponibles et permet de couvrir un domaine allant de $-32\,768$ à $+32\,767$ pour les entiers signés courts. Un entier peut être *court* (deux octets) ou *long* (quatre octets), selon la machine. Les entiers ont normalement la longueur du mot machine ; un processeur 8 bits a un mot de 16 bits et un processeur 16 bits un mot de 32. Dans les versions les plus dépouillées de C, les entiers signés courts sont seuls disponibles.

LE TYPE FLOAT

Le type de donnée *float* représente des nombres à virgule flottante à simple précision, par opposition aux nombres double précision. Ils sont généralement codés sur quatre octets, mais dépendent du système. La précision effective de **float** varie d'une version à l'autre car elle dépend du matériel et du logiciel. Par exemple, le C de Digital Research offre une mantisse précise à sept chiffres près et une étendue de $1.18 \times 10^{+/-38}$. C'est là la valeur maximale que cette version peut générer à pleine précision. Tout nombre supérieur oblige à utiliser des notations scientifiques ou à placer des zéros en fin de nombre. 3.14159, .314159e1 sont des exemples de données **float**.

LE TYPE DOUBLE PRÉCISION

Un nombre double précision (type *double*) est un nombre à virgule flottante de très grande précision codé généralement sur huit octets. Par exemple, le C de Digital Research autorise des nombres à virgule flottante double précision allant de 9.46×10^{-308} à 1.8×10^{308}.

LE TYPE STRUCT

struct (qui signifie ''structure'') est un *type de données agrégées* constituées d'un ou de plusieurs types de données, eux-mêmes scalaires ou agrégés (voir Glossaire). Par analogie, les raisins, les cerises et la pâte sont des éléments bien distincts, qu'on peut tous englober dans un cake aux fruits. Le **struct** de C est le surensemble qui permet d'accueillir des combinaisons de types différents de données. Il sert à former un gabarit en mémoire pour définir des types de données.

Contrairement aux *structures* de PL/1, un **struct** ne peut pas être échangé librement entre fichiers en tant qu'entité propre. Les **structures** et **unions** sont l'objet d'un chapitre particulier, le Chapitre 8. On peut s'y reporter pour plus de détails.

LES TABLEAUX

Les tableaux sont constitués de répétitions d'un type unique de données. Ils peuvent être de type entier, flottant, caractère, pointeur ou structure, ou peuvent être des tableaux de tableaux de ces types de données. Leurs possibilités deviennent rapidement assez fascinantes, comme dans le cas de tableaux de tableaux, de tableaux de structures de tableaux, de tableaux de pointeurs de tableaux, etc. Ils sont traités en détail au Chapitre 4.

LES UNIONS

Le type de données *union* sert un peu de fourre-tout. Une union est une zone définie par le programmeur de façon suffisamment large pour pouvoir contenir tout type de donnée qui viendrait à s'y présenter. Les unions sont détaillées au Chapitre 8.

LE TYPE BITFIELD (CHAMP DE BITS)

Le type de données *bitfield* est un sous-champ d'entier. Il est toujours déclaré en tant qu'élément d'une structure. Comme un **bitfield** (champ de bits) est toujours moins long qu'un octet, il ne possède pas d'adresse mémoire. On ne peut donc pas lui faire référence à l'aide de l'opérateur d'adresse &.

LE TYPE POINTER (POINTEUR)

Un *pointeur* est un entier non signé utilisé pour contenir l'adresse mémoire d'une variable ou d'une constante. Voir le Chapitre 4 pour plus d'informations.

L'ORDRE TYPEDEF

Si les types de données fournis par C ne correspondent pas aux besoins d'une application particulière, il est possible d'en définir de nouveaux, tout comme en Pascal. On utilise pour cela l'ordre *typedef*.
typedef permet de créer de nouveaux noms de types de données, reconnus comme tels par la suite. **typedef** n'est associé à aucun objet particulier jusqu'à ce qu'il soit utilisé avec l'objet défini dans une déclaration. On l'utilise comme suit :

```
typedef [spécificateur de type] [liste];
```

Le [spécificateur de type] peut contenir **integer**, **float**, **char**, **struct** ou **union**. Dans [liste], on indiquera les nouveaux noms de variables. Une des utilisations classiques de **typedef** est

```
typedef char *chaine
```

qui rend **chaine** synonyme de **char**, aide incontestable aux inconditionnels du BASIC.

CLASSES DE STOCKAGE

Un des points forts des langages structurés comme C, Pascal ou PL/1 est qu'ils permettent l'allocation ou la libération de zones de stockage selon les besoins du moment. Si on a besoin d'effectuer un tri dans un programme, l'espace requis pour la matrice de tri est occupé en permanence, sauf si on possède un moyen de le libérer après usage. Si on trie dans une *subroutine* (ou, dans le cas de C, dans une fonction), la matrice peut être locale à ce bloc de programme. Lorsqu'on quitte le bloc, il est possible d'annuler ses besoins de stockage. Cela est effectué à l'aide de *variables locales*. Une variable locale n'a de signification que dans le bloc où elle apparaît. Celles qui sont connues de tous les blocs sont dites *globales* au programme.

LE TYPE EXTERN

Une variable déclarée en *extern* est reconnaissable à l'extérieur de la zone où elle a été déclarée. Si elle apparaît hors du bloc programme principal, elle garde sa signification et peut servir à tout fichier qui utilise le programme et le même nom de variable. Lorsqu'elle est utilisée de façon interne à un bloc, la variable est transmise à tout autre bloc qui déclare le même nom. L'emplacement mémoire des variables externes leur est alloué durant tout le temps d'exécution du programme.

La longueur en caractères des noms de variables externes au bloc de programme principal dépend du système. Une longueur de six caractères est raisonnable. Moins de six caractères l'est encore plus. Dans le doute, on se reportera aux manuels.

Le squelette de programme de la Figure 3.1 montre l'utilité des variables **extern**. La variable **buffer** est déclarée explicitement externe à **lire()** et à **ecrire()** dans leur bloc. Cette variable est ainsi connue des blocs **lire()**, **ecrire()**, du programme principal et de toute autre partie du programme qui pourrait l'appeler.

Figure 3.1 : Squelette de programme illustrant l'utilisation de extern.

```
#include "stdio.h"
extern char buffer [BUFSIZ]

main ()
{
```

→

```
char reponse [1];
int rn;

efface ();
puts ("\n\n\n\n\t Menu \n\";
    .
    .
    .
if (rn == 1)
            lecture ();
    else
        if (rn == 2)
                ecriture ();
    .
    .
    .
}

lecture ()
extern char buffer [ ];
{
    .
    .
    .
}

ecriture ()
{
    extern char buffer [ ];
    .
    .
    .
}

efface ()
{
    puts ("\33[H\33[2J");
}
```

Comme il est plus facile de créer des variables externes implicit
ment qu'explicitement, certains compilateurs C n'offrent pas l'usa
de variables externes. Le programme de la Figure 3.2 utilise une variable externe déclarée implicitement (buffer[]).

Figure 3.2 : E/S dans un buffer avec déclaration externe.

```
/* E/S dans un buffer avec declaration externe */
#include "stdio.h"

char buffer [129];        /* noter que le buffer est externe au code */

main ()
{
      int rn;

      puts ("\n\n\n\n\tProgramme d'E/S sur Buffer");
      for ( ; ; )
      {
            puts ("\n\n            Menu");
            puts ("\n\n 1        Lecture de chaine");
            puts ("\n\n 2        Ecriture de chaine");
            printf ("\n\n\t Entrez votre choix : ");
            rn = getch ();
            if ( (rn - 48) == 1)
                  lire ();
            if ( (rn - 48) == 2)
                  ecrire ();
      }
}

lire ()
{
      int leurre;
      char *pb;

      efface ();
      printf ("\n\n\n\tEntrez une chaine : ");
      pb = gets ();
      strcpy (buffer, pb );
      printf ("\n\n\tTapez return pour continuer");
      leurre = getch ();
      efface ();
}

ecrire ()
{
      int leurre;
      char buf2 [129];

      efface ();
      puts ("\n\n\t\t Ecriture de chaine\n");
      strcpy (buf2,buffer);
      puts (buf2);
      printf ("\nTapez Return pour continuer");
      leurre = getch ();
      efface ();
}

efface ()
{
      puts ("\33[H\33[2J");
}
```

La ligne d'en-tête :

#include ''stdio.h''

demande au préprocesseur du compilateur d'ouvrir et de lire le fichier
en-tête **stdio.h**, qui fait désormais partie intégrante du programme.
Les fichiers en-tête d'E/S (Entrées-Sorties) comme **stdio.h** définissent
un certain nombre de constantes et de macros liées aux E/S. Les
fichiers en-tête seront examinés plus en détail au Chapitre 5.

LA CLASSE STATIC

Comme la classe static de PL/1, celle de C garantit que la zone de stockage allouée à une variable existera pendant toute la durée d'exécution du programme. La différence entre **extern** et **static** réside dans le fait que, bien que l'une et l'autre soient permanentes, une variable **static** déclarées hors du bloc du programme principal n'est pas connue des fichiers qui l'appellent. Le squelette de programme de la Figure 3.3 rend le tableau de caractères **buffer** externe et global au programme tout entier, mais sans le rendre accessible à d'autres.

Figure 3.3 : Fragment de programme illustrant la déclaration static.

```
001 : #include "stdio.h"
002 : static char buffer [BUFSIZ]
003 :
004 : main ()
005 : {
006 :     char reponse [1];
007 :     int rn;
008 :     efface ();
009 :     .
010 :     .
011 :     .
012 :
```

LA CLASSE AUTO

Le stockage automatique se déclare par la classe **auto**, qui est très proche de celle de PL/1. Elle ne peut se déclarer qu'à l'intérieur du bloc qui l'utilise et elle garantit que le bloc se libérera à la fin de son exécution. La plupart des variables sont de la classe **auto** de manière implicite. Par exemple, dans le programme de la Figure 3.2, les buffers **buf1** et **buf2** sont implicitement **auto**. Avant d'utiliser de telles variables, il convient de s'assurer que le stockage automatique correspond bien à ce que l'on cherche. Les variables de la classe **auto** sont perdues dès que le programme quitte leur bloc de fonction.

LA CLASSE REGISTER

register est une classe qui donne priorité à une variable pour le stockage dans les registres lors de l'exécution. Les registres du microprocesseur représentent ce qui se fait de mieux pour la rapidité d'accès aux données ; aussi cette classe de variables permet-elle d'en accélérer les transferts. Comme dans le cas de **auto**, **register** doit être déclaré à l'intérieur du bloc et il n'est appliqué que lors de l'exécution de ce bloc. On ne doit pas l'utiliser de manière excessive car le nombre de registres disponibles est limité.

DÉCLARATIONS

La première partie d'un programme en langage C est généralement réservée aux commandes du précompilateur et aux déclarations. Les déclarations déterminent la portée, la classe de stockage et le type des variables. Une déclaration s'établit sous la forme suivante :

classe-de-stockage type $<$ liste $>$ initialiseurs

comme par exemple :

static int i = 0;

i est ici un entier **static** dont la valeur initiale est égale à zéro. La classe de stockage et l'initialiseur sont optionnels. L'initialisation des variables dans la déclaration n'est d'ailleurs pas supportée par tous les compilateurs. La déclaration doit toujours se terminer par un point-virgule.

Il est possible et même souhaitable d'utiliser une même ligne pour établir plusieurs déclarations. Les identifieurs doivent alors être séparés par une virgule :

auto int i,j,k,len,nflag;

Dans cette expression, **i**, **j**, **k**, **len** et **nflag** sont des entiers qui se voient allouer un stockage automatique. Les pointeurs sont déclarés avec le type de l'identifieur vers lequel ils pointent :

```
char string [MAXLIGNE];
char *strptr ;
```

ou

```
char string [MAXLIGNE],*strptr;
```

Les parenthèses sont autorisées à l'intérieur des déclarations, pour modifier le sens de celles-ci :

```
float *fonx();
```

est une fonction qui *retourne* un pointeur de type **float**, alors que :

```
float(*fonx) ();
```

est un pointeur dirigé vers une fonction qui *renvoie* une valeur de type **float**.

Il existe d'autres règles concernant les déclarations, en particulier celles qui sont liées aux structures et aux unions. Ces dernières seront étudiées plus avant dans l'ouvrage.

ALLOCATION DE PILE

Le langage C est un langage évolué, et en même temps un langage qui reste proche de la machine. La programmation en C n'est pas disjointe de l'assembleur. L'essentiel de ce qui a été écrit sur le langage d'assemblage tient à l'assignation des mémoires et à l'activité des registres. Peu de choses ont été écrites sur la pile. Le contenu de la pile, qui doit gérer les zones de stockage adressables et non adressables faisant le lien entre la mémoire et les registres, est très volatil. Des langages tels que Pascal, PL/1 et C utilisent un type de mémoire organisée en pile dite *en amas* (*heap*), ou *stockage basé* en PL/1. Le stockage en amas ou basé ne correspond pas en propre

peut s'appeler lui-même. L'usage exclusif des fonc-
 bloc de construction de programmes ne cache ni
. Une fois créées, les fonctions sont des outils per-
stockées dans la bibliothèque du programmeur. Les
s le plus fréquemment sont stockées dans la biblio-
ge.

ne telle puissance se paie. Le prix à payer est l'ap-
tâches de maintenance que certains langages moins
automatiquement. Pascal et PL/1 permettent qu'une
mise à une procédure par ''référence''. Ces langages
rs stockées en rendant la gestion des pointeurs trans-
gramme et au programmeur. Par contre, C ne met
r l'intégrité des données d'un programme en autori-
accidentelle de ces données par des programmeurs
se contente de transmettre aux fonctions des *images*
ockées. Cela s'appelle le *passage par valeur*. Le reste
vouloir du programmeur. Celui qui veut modifier les
nées enregistrées doit les atteindre là où elles se trou-
ées ne peuvent être atteintes que si on connaît leur
e rôle des pointeurs de l'indiquer. L'apprentissage de
ots est un peu ardu et demande quelques efforts. Com-
examiner comment sont stockées les données.

ORGANISATION DES DONNÉES

et l'organisation de données constituent le fond de la
. Gestion de données va de pair avec gestion de la
données sont parfois stockées dans des variables qui
tenir qu'une seule valeur (scalaire). Par exemple : QI =
 valeur affectée à QI) [1]. Cependant, si on ne stockait
que sous cette forme, on serait vite à cours de noms
ur nos variables. De plus, il serait bientôt plus difficile
oms de variables que les variables elles-mêmes. Comme
oupes de données ont en général quelque chose en
particulier s'ils sont du même type, il est pratique de
ns des matrices ou tableaux. Un tableau est un agrégat
Un agrégat de données représente plus d'un seul élé-
osition au scalaire qui n'en contient qu'un seul.

à la pile mais à une zone mémoire située généralement au-dessus de la zone adressable allouée au stockage. Comme pour une autre pile, elle est allouée et libérée depuis le programme par le programmeur.

C ne fait pas grand-chose de lui-même. En tant que langage intermédiaire, il suppose que le programmeur est capable d'appeler tous les sous-programmes nécessaires à son application. Il ne fait pas d'exception en ce qui concerne l'allocation du *heap*. On ne l'obtiendra pas si on ne la demande pas. Les fonctions C appellent d'autres fonctions C et l'on a parfois l'impression trompeuse que l'allocation de heap n'est pas nécessaire alors qu'elle se révèle au contraire indispensable. Les fichiers bufferisés d'entrée/sortie constituent un bon exemple de fonctions exigeant une allocation de heap. La fonction servant à cette allocation de heap est **alloc** [1] (pour de plus amples détails, voir l'ouvrage de B.W. Kernighan et D.M. Ritchie, *The C Programming Language*).

GESTION DU STOCKAGE

Le but principal de ce chapitre est de montrer la manière dont C utilise la déclaration de variables par type de données et par classe de stockage pour gérer celui-là. Avant qu'un programme C puisse s'exécuter, le compilateur doit savoir où trouver les variables et les constantes qu'il aura à traiter. En termes plus précis, cela signifie qu'il doit connaître les adresses des pointeurs des valeurs utilisées dans le programme. Le type de données indique à C le nombre d'octets qui seront utilisés. La classe de stockage permet de savoir si ces emplacements mémoire seront mobilisés à l'intérieur ou à l'extérieur du programme. S'ils doivent être utilisés de façon interne, les classes de stockage précisent l'endroit où ils seront utilisés.

La première fois que le compilateur C lit un code source, il commence par une passe de scrutation. Par analogie, lorsqu'on lit un journal, on commence par jeter un rapide coup d'œil sur l'ensemble des titres avant de choisir les articles que l'on va lire. L'analyse effectuée durant la première passe fournit au compilateur assez d'informations pour permettre à la passe suivante de créer un code intermédiaire avec soit des adresses absolues, soit des adresses relatives. L'analyse du code en plusieurs passages permet au compilateur de toujours connaître ce qui va se produire dans le programme. Cela confère bien plus de puissance à l'application que si elle devait être d'abord interprétée ; le code devrait en effet être alors analysé ligne par ligne, sans que l'ordinateur puisse avoir connaissance des instructions qui suivent celle en cours d'exécution. Ce sont les déclarations qui rendent possible la compilation du code.

4. FONCTIONS, POINTE
ET CONCEPTS ASSO

Parmi les sujets étudiés da
sur les pointeurs. Toute appli
pointeurs et il est impératif de
à apprendre à leur sujet ; r
comment fonctionnent les o
comment les pointeurs permett
bles agrégées (donc à valeurs
rapidement et sans erreur des
les pointeurs pointent vers tab
structures plus exotiques. Mai:
les pointeurs n'est pas tant de sa
quoi ils sont utilisés et commer
les pointeurs de fond en comb
ment et c'est un des buts de c
exhaustive.

Ce chapitre traite aussi des for
puissants de ceux qui sont distri
coup de cette puissance à ses
laire. Tout bloc de programme
même le bloc principal. Contra
possède pas de procédures et la r
à un rang de choix. Le program
s'acquitter de toute tâche. Une
valeur unique, mais on peut la f
lui faisant modifier les valeurs d

Fonctions et pointeurs travaille
modifier des valeurs stockées grâc
teur. Ce concept n'est pas facile
ment de nombreux néophytes. L
donc été consacrée, ainsi qu'aux
indirect.

Chaque langage a ses points fo
sance, sa rapidité, et sa faculté d

gage récursif, qu
tions en tant qu
oubli ni omissic
manents, et sor
fonctions utilise
thèque du *lang

Cependant,
prentissage des
puissants gèrer
valeur soit tran
traitent les vale
parente au pr
jamais en dang
sant l'altératio
inconscients.
des données s
dépend du bo
valeurs de doi
vent. Les don
adresse ; c'est
tous ces conce
mençons par

STOCKAGE E

Le stockage
programmatic
mémoire. Les
ne peuvent cc
125 (125 est
des données
significatifs p
de gérer ces
les grands g
commun, en
les stocker d
de données.
ment par op

Toutes les données stockées en mémoire centrale sont stockées par adresse. L'adresse est l'emplacement exact d'un morceau particulier de donnée, indiqué par un entier non signé (un nombre sans + ou −). Par exemple, sur une machine de 64 K, les adresses disponibles iraient de 0 à 65535 (64 × 1 024). La mémoire est analogue à des boîtes aux lettres ayant toutes un numéro. Ce numéro de boîte serait l'adresse mémoire. De la même façon, le pointeur est l'adresse de la donnée. L'utilisation de pointeurs est une autre façon de gérer la mémoire. Une variable ne doit pas forcément posséder un nom tant qu'elle dispose d'un pointeur.

Les langages qui supportent les tableaux (la plupart le font) y accèdent de façon interne par des pointeurs. Même le BASIC a des tableaux, mais il ne possède pas le type de donnée pointeur ; il a des pointeurs mais ils sont transparents à l'utilisateur. Le BASIC est un langage d'enseignement, or les pointeurs ne sont pas seulement dangereux pour les programmeurs débutants, ils sont aussi relativement difficiles à comprendre. C'est pour cela qu'ils ont été écartés de la définition du BASIC. C, par contre, a été créé à l'intention des programmeurs et met à leur disposition pratiquement tous les outils. Les pointeurs en font partie. Par conséquent, tout élément de tout tableau peut y être atteint soit par le nom du tableau, soit par le pointeur de cet élément.

LES FONCTIONS ET LEUR RELATION AUX POINTEURS

Par définition générale et indépendamment de C, une fonction est un bloc de code d'une ou plusieurs lignes qui renvoie une valeur à l'expression qui l'utilise. Les fonctions C, contrairement à celles de PL/1, BASIC, Pascal, etc., n'ont pas forcément à retourner de valeur. La mission d'une fonction peut être d'accomplir une ou plusieurs tâches précises. La plupart du temps, on leur donne à traiter des données spécifiques. Ces données possèdent un nom particulier : on parle de *paramètres* ou d'*arguments*. En termes de programmation, les paramètres sont *passés* aux fonctions. En C, c'est souvent un pointeur qu'on doit passer aux fonctions. Nous verrons plus tard dans le chapitre comment cela peut se faire ; pour le moment, notons seulement que les pointeurs sont parfois utilisés en liaison avec des fonctions.

C est un langage à structure de blocs. Il ressemble un peu à PL/1, un peu à ALGOL et Pascal, bien qu'il lui manque des *call* et des *pro-*

cédures. En fait, en dehors du bloc programme principal, la seule chose dont il dispose qui ressemble à une subroutine est la fonction. Si, dans un langage comme le BASIC, les fonctions sont des outils d'importance secondaire, il est indispensable en C de maîtriser tous les aspects de leur création et de leur utilisation.

Il existe deux formes de fonctions : celles définies par les utilisateurs et celles de la bibliothèque. Les fonctions de bibliothèque fournies avec les compilateurs C sont adaptables et variées, et permettent de faire à peu près tout. Mais l'un des aspects fondamentaux de C est justement qu'il permet de développer facilement de nouvelles fonctions à partir des premières. Cette faculté de s'autodévelopper donne à C beaucoup de puissance.

LES PARAMÈTRES

Les données *passées* aux fonctions sont appelées *arguments* ou *paramètres réels*. Une fois reçus par la fonction, on parle de *paramètres formels*. Plus communément, on parle simplement de paramètres. Le fragment de programme suivant illustre la différence entre paramètres réels et formels.

```
puissance (x,n);          /* liste de paramètres réels */
.
.
;
}
puissance (nbr,exp)       /* liste de paramètres formels */
int nbr,exp;
{
```

Il n'y a pas de point-virgule après la parenthèse lorsque la fonction reçoit les paramètres formels, car c'est alors le début du bloc de fonction.

PORTÉE DES VARIABLES

La notion de *portée* se réfère aux zones du programme dans lesquelles les variables sont connues. Les variables déclarées à l'intérieur du bloc principal ne sont connues que du programme principal. On dit qu'elles sont *locales* au programme principal. Les variables déclarées dans une fonction sont locales à cette fonction. Les variables déclarées à l'extérieur du bloc principal sont connues — ou *globales* — de l'ensemble du programme.

Dans le squelette de programme de la Figure 4.1, le tableau de caractères **bufdon** est global à tout le programme. Les variables **i**, **j** et **x** sont locales au bloc principal. Les variables **nbr**, **exp** et **i** sont locales à la fonction **puissance** (). Ainsi **i** représente-t-il deux variables différentes ayant une première valeur dans le bloc principal et une autre dans la fonction **puissance** (). La portée de **j** est le bloc principal, celle de **nbr** est la fonction **puissance** () et celle de **bufdon** est le programme entier.

Figure 4.1 : Illustration de la portée des variables et du passage de paramètres.

```
001 : char bufdon [MAXLIGNE];
002 : main ()
003 :     int i,j,x;
004 :     {
005 :     .
006 :     .
007 :     .
008 :     puissance (x,j);            /* Appel a la fonction puissance */
009 :     .
010 :     .
011 :     }
012 :
013 : puisssance (nbr,exp)           /* Premiere ligne de "puissance" */
014 : int nbr,exp;
015 :     {
016 :     int i;
017 :     .
018 :     .
019 :     }
020 :
```

Lorsque les variables **x** et **j** sont transmises à la fonction **puissance** (), elles sont reçues en tant que **nbr** et **exp**. **nbr** et **exp** sont passées *par valeur*. Si ces valeurs sont modifiées par la fonction **puissance** (), celles de **x** et **j** ne le seront pas. Pour les modifier également, il faudrait que les adresses des variables soient passées à la fonction. Il s'agirait alors de passage de pointeur.

La majorité des fonctions reçoivent des variables comme paramètres provenant du bloc d'appel. En termes informatiques, on distingue le passage de paramètres *par valeur* et le passage *par référence*. Pour passer un paramètre par référence, il faut en fait passer l'adresse de la variable. Ainsi, toute modification par la fonction de la valeur de la variable sera permanente. PL/1 passe les paramètres par référence. Lorsque les paramètres sont passés par valeur, la fonction ne reçoit qu'une image de la variable qui est placée en haut de la pile au moment du passage. Les modifications qui peuvent être apportées à cette image n'affectent pas la variable elle-même. C ne peut passer des variables en tant que paramètres *que* par valeur.

Supposons par exemple que l'on veuille utiliser la fonction **max** () pour déterminer la plus grande de deux variables :

```
      .
      .
      .
x = y * max(a,b);      /* La fonction max est utilisée à cet endroit pour multi-
                          plier la plus grande des deux valeurs a et b par y. Cette
                          utilisation est semblable à un "call" de la fonction. */
      .
      .
      .
int max (n1,n2)        /* Les paramètres a et b sont ici reçus en tant que n1
                          et n2. La fonction compare n1 et n2 et retourne une
                          image de la plus grande de ces deux valeurs vers l'ex-
                          pression d'appel de la fonction. */
```

Afin de calculer **x**, seules des *images* des variables **a** et **b** doivent être fournies à la fonction **max** (). Celle-ci renverra la plus grande des deux valeurs et **x** sera calculé. Les valeurs des variables **y**, **a** et **b** ne seront pas changées par le code du programme présenté ici. Seule la valeur de **x** sera modifiée. Les arguments **a** et **b** ont été passés *par valeur* à la fonction **max** ().

Dans le fragment de programme suivant, la valeur d'une variable chaîne est affectée à une autre.

```
      .
      .
      .
strcpy (a,b)           /* Appel de la fonction depuis le programme principal */
      .
      .
      .
}
strcpy (s1,s2)         /* Corps de la fonction */
char *s1,*s2
{
      .
      .
      .
```

On souhaite ici copier le tableau de caractères **b** dans le tableau de caractères **a**, ce qui s'écrirait simplement en BASIC au moyen de l'instruction A\$ = B\$. Pour ce faire, la valeur de **a** doit être modifiée. Si une simple *image* de **a** était passée à la fonction strcpy, la valeur de **a** ne serait pas modifiée et le programme ne conduirait pas au résultat recherché. Pour modifier cette valeur de manière permanente, c'est un pointeur de **a** qui est passé comme paramètre. En tant que pointeur, **s1** permet de placer une nouvelle valeur à l'adresse de **a**. La modification est donc bien permanente ; **a** contiendra la valeur de **b**.

La seule manière de modifier la *valeur* d'une variable est donc de modifier sa valeur stockée. Les variables et les constantes se voient affecter une zone de stockage qui est permanente pour la portion du programme correspondant à leur portée. Les variables globales sont disponibles sur la totalité du programme. Si le contenu de leur adresse permanente est modifié, le changement vaut pour tout le programme. Si leur valeur change pendant qu'elles sont sur la pile, la modification n'est que temporaire et n'affecte pas la valeur stockée.

Les variables dotées d'une adresse permanente sont appelées *lvaleurs*. Ce nom est lié au fait que les valeurs situées à gauche (*left*) d'un opérateur possèdent toujours une adresse permanente. Les variables de pile ou de registres ne possèdent pas d'adresse. Ce ne sont donc pas des lvaleurs.

Considérons l'affectation suivante :

    x = 1;

La variable **x** contient la valeur 1. Comme il s'agit d'une affectation dans le bloc de programme principal, sa durée de vie sera celle du programme entier. Si l'on écrit maintenant :

    ptrx = &x;

ptrx est un pointeur. Il est positionné à l'*adresse* de **x** par l'opérateur &. L'opérateur unaire & ne peut s'utiliser *que* sur des lvaleurs. Considérons maintenant l'affectation suivante :

    z = *ptrx;

L'opérateur unaire * (opérateur indirect) indique que l'on travaille sur le contenu de l'adresse pointée par **ptrx**. L'opérateur indirect *, lorsqu'il est utilisé avec un pointeur, produit le *contenu* de la cible désignée par le pointeur. Aussi le test logique :

z = = *ptrx

sera-t-il "vrai" puisque les deux entités ont le même contenu.

Le programme de la Figure 4.2 met à profit ces concepts pour réaliser une lecture ou une écriture dans un tampon adressé par pointeur. Le principe sera repris plus avant dans l'ouvrage lors du traitement des fichiers disque.

Figure 4.2 : Lecture et écriture dans un buffer par adressage de pointeur.

```
/*Lecture/ecriture sur buffer adresse par Pointeur */
#include "stdio.h"

char buffer [100];

main ( )
{
        char *bufptr;
        int rn;
        int nchoix;

        bufptr = &buffer[0];
        puts ("\33[H\33[2J");
        puts ("\n\n\n\n\t\tProgramme de Pointeur de Buffer");
        for ( ; ; )
        {
                puts ("\n\n\t\t                Menu");
                puts ("\n\n\t\t 1              Lecture de Chaine");
                puts ("\n\n\t\t 2              Ecriture de Chaine");
                printf ("\n\n\n\n\n\t\t\t Entrez votre choix : ");
                nchoix = getch ();
                rn = nchoix - 48;
                if ( rn == 1 )
                {
                        lire (bufptr);
                }
                if ( rn == 2 )
                {
                        ecrire (bufptr);
                }
        }
}

lire (p)

char *p;

{
        char leurre [2];
        char *buf1;

        puts ("\33[H\33[2J");
        printf ("\n\n\nEntrez une Chaine : ");
        buf1 = gets ();
        strcpy (p,buf1);  /* copie buf1 a l'adresse indiquee par p */
        printf ("\n\nTapez Return pour Continuer");
        gets (leurre);
        puts ("\33[H\33[2J");
}
```

```
ecrire (p)

char *p;

{
        char leurre [2];

        puts ("\33[H\33[2J");
        puts ("\n\n\t\tEcriture de Chaine\n");
        puts (p);
        puts ("\nTapez Return pour Continuer");
        gets (leurre);
        puts ("\33[H\33[2J");
}
```

Examinons ce programme ligne par ligne :

```
#include "stdio.h"
char buffer [100];
```

La plupart des programmes C ont un fichier *en-tête standard*, inclus au moment de la compilation, pour définir un certain nombre de constantes. Celui du compilateur C de Microsoft se nomme **stdio.h**. Un buffer tableau de caractères pouvant comporter jusqu'à 100 éléments est ensuite créé. Le dernier élément sera nécessairement \0. Ce tableau est déclaré à l'extérieur du bloc principal ; il est donc global au programme entier.

```
main ()
        char *bufptr;
        int rn;
        int nchoix;

        bufptr = &buffer[0];
```

bufptr est défini comme pointeur à l'intérieur du bloc principal. Deux variables entières, **rn** et **nchoix**, sont également déclarées. Le pointeur **bufptr** est ensuite placé sur le premier élément du tableau **buffer**, dont l'adresse est maintenant connue du programme.

On trouve ensuite un menu à l'ancienne, prisonnier d'une boucle sans fin. Ce menu permet de lire ou d'écrire une chaîne. La lecture et l'écriture s'effectuent par l'intermédiaire de fonctions.

```
for ( ; ; )
{
        puts ("\n\n\t\t                Menu");
        puts ("\n\n\t\t 1              Lecture de Chaine");
        puts ("\n\n\t\t 2              Ecriture de Chaine");
        printf ("\n\n\n\n\n\t\t\t Entrez votre choix : ");
```

La variable **rn** reçoit ensuite pour valeur la différence entre le code ASCII stocké dans **nchoix** (cette valeur dépend de la sélection faite par l'utilisateur entre la lecture et l'écriture) et la valeur 48 (code ASCII du chiffre 0). Deux instructions **if** (équivalent d'un branchement multiple de type **case**) permettent alors d'orienter le programme vers l'une des deux fonctions lire () ou **écrire** ().

```
nchoix = getch ();
rn = nchoix - 48;
if ( rn == 1 )
{
        lire (bufptr);
}
if ( rn == 2 )
{
        ecrire (bufptr);
}
    }
  }
```

La variable **bufptr**, le pointeur du buffer, est l'argument passé aux deux fonctions. Elle est réceptionnée en tant que paramètre **p** :

```
lire (p)

char *p;
{
```

Il est important de remarquer que **p** est déclaré à l'extérieur du bloc de fonction. Les paramètres sont en effet toujours déclarés à l'extérieur des blocs. Un simple tableau de caractères et un buffer local sont ensuite déclarés à l'intérieur du bloc de fonction :

```
char leurre [2];
char *buf1
```

L'écran est effacé puis la chaîne est saisie et affectée au buffer local **buf1** :

```
puts (" \33[H \33[2J");
printf (" \n \n nEntrez une chaine : ");
buf1 = gets ();
```

C n'est pas très permissif pour les affectations entre les tableaux. L'affectation p = buf1 serait par exemple illégale. Pour contourner ce problème, il existe une fonction de copie de chaîne, **strcpy ()**, qui permet de copier le nouveau contenu de **buf1** dans l'adresse de buffer, donnée par **p** :

```
strcpy (p,buf1);
```

Nous rencontrons maintenant une vieille astuce qui permet d'arrêter momentanément l'exécution du programme. L'ordre **gets (leurre)** est satisfait par un simple retour chariot :

```
printf (" n nTapez Return pour continuer");
gets (leurre);
```

La fonction **ecrire ()** reprend ensuite les mêmes principes que ceux décrits pour la fonction **lire ()**. Le pointeur **bufptr** est reçu dans **p**, qui est déclaré à l'extérieur du bloc. Une autre variable **leurre** est alors déclarée :

```
char leurre [2];
```

L'écran est effacé à nouveau et l'affichage de la chaîne est annoncé par le **puts ()** suivant. **puts (p)** copie alors à l'écran la chaîne pointée par **p** :

```
puts (" \33[H \33[2J");
puts (" \n \n tEcriture de chaine \n");
puts (p);
```

LES TABLEAUX

Les tableaux sont utilisés de manière quasi permanente, en langage C. Comme toutes les chaînes de caractères sont en fait des tableaux, le programmeur débutant peut avoir à manipuler des tableaux sans même s'en rendre compte. Comme ceux de Pascal, les tableaux de C sont généralement à une seule dimension (on parle alors de vecteurs). Cependant, C permet également de créer des tableaux de tableaux, équivalents de tableaux à plusieurs dimensions. Les indices de tableaux commencent toujours à 0. Le segment de programme suivant crée des matrices 3 × 4. Les boucles **for** permettent de se déplacer dans la matrice en commençant par les rangées et en poursuivant par les colonnes :

```
main ()
{
        int i,j;
        int a [3] [4], b [3] [4], c [3] [4];

        for ( i=0 ; i < =3 ; i++)

            for (j=0 ; j < =4 ; j++)
    .
    .
    .
```

Les règles de base concernant les tableaux sont les suivantes :

• Les références faites sans indice à un tableau désignent toujours l'élément 0 :

```
x = *y
```

L'expression signifie "stocker dans **x** le contenu de **y**". Cependant, si **y** est un tableau, l'expression prend par défaut la valeur de l'élément 0 de **y**. Cela revient donc à écrire :

```
x = y [0];
```

Pour la même raison :

```
py = &y [0];
```

est équivalent à :

```
py = y;
```

Cela doit paraître logique si l'on se souvient que toute référence à une chaîne (qui est en réalité un tableau de caractères), doit être faite à son premier élément.

- Autre équivalence :

    y [i]

est aussi :

    *(y + i)

Les deux expressions font référence au $i^{ème}$ élément au-delà de y [0]. De la même façon :

    py[i]

est équivalent à :

    *(py + i)

qui incrémente le pointeur **py** de i positions au-delà de 0.

PASSAGE DE TABLEAUX ENTRE FONCTIONS

Lorsqu'un tableau est passé à une fonction, on transmet en fait le pointeur du premier élément du tableau, celui ayant la position 0. Comme un pointeur ne vaut pas grand-chose en lui-même, il faut lui appliquer un traitement afin de pouvoir récupérer le tableau en question.

```
fonct (tabl)
char *tabl;
{
```

Le pointeur, ici **tabl**, est réceptionné par la fonction. Il est déclaré, avant le début du bloc de fonction, au moyen de l'opérateur indirect *, ce qui indique à C qu'il s'agit du contenu de l'adresse, c'est-à-dire du tableau tout entier. A partir de là, la variable peut être référencée sans l'opérateur indirect.

```
strcpy (chaine,tabl);
```

La progression dans le tableau à partir de la position 0 relève de l'*arithmétique des pointeurs* et passe par l'incrémentation ou la décrémentation des pointeurs et/ou des indices de tableau. Le programme suivant s'en tient à une arithmétique des pointeurs aussi élémentaire que possible, afin d'éviter toute confusion.

Les programmes qui modifient des entrées avant de les reporter en sorties sont appelés des *filtres*. Le programme de la Figure 4.3 est un filtre de noms. Il reçoit en entrée un nom dans l'ordre habituel (prénom usuel, second prénom, nom de famille). Il réduit toutes les lettres en minuscules, ce qui permet aux entrées d'être en majuscules ou même constituées d'un mélange de majuscules et de minuscules, comme par exemple :

JeAN-loUis albert gRECO

La portion suivante du programme change la première lettre de chaque nom ou prénom en majuscule. La dernière fonction change l'ordre des éléments en plaçant le nom de famille en premier, suivi du prénom usuel et du second prénom (ordre administratif).

Figure 4.3 : Filtre de noms.

```
/* Filtre de noms */
#include "stdio.h"
#include "ctype.h"
char nom [186];

main ()
{
    puts ("\33[H\33[2J");
    puts ("\n\n\n\tFiltre de noms\n\n");
    printf ("Entrez le premier prnom, le second puis le nom : ");
    gets (nom);
    minus (nom);
    printf ("\n\n\nNom en minuscules => %s\n\n",nom);
    cap (nom);
    printf ("Nom avec initiales en majuscules => %s\n\n",nom);
    rotat (nom);
    printf ("Ordre administratif => %s\n\n",nom);
}

minus (chnom)

char *chnom;
{
    int i;

    for (i=0; chnom[i]!='\0'; i++)
        chnom[i]=tolower (chnom[i]);
}

cap (chnom)

char *chnom;
{
```

```
    int i;

    chnom[0]=toupper (chnom[0]);
    for (i=1; chnom[i]!='\0'; i++)
    {
    if ( (chnom[i]!=' ') && (chnom[i-1]==' ') )
        chnom[i]=toupper (chnom[i]);
    }
}

rotat (chnom)

char *chnom;
{
    int i,j,k,idx;
    char premier[62], milieu[62], fin[62];

    for (i=0; chnom[i]!=' '; i++)
        premier[i]=chnom[i];
    premier [i++] = ' ';
    premier [i++] = '\0';

    idx=0;
    for (j=i-1;  ; j++)
        {
        if (chnom[j]==' ')
            break;
        if (chnom[j]=='\r')
            break;
        milieu [idx++] = chnom [j];
        }
        milieu [idx++] = '\0';
        j++;

    idx=0;
    for (k=j; chnom[k]!='\0'; k++)
        fin [idx++] = chnom[k];
        fin [idx++] = ' ';
        fin [idx++] = '\0';
        puts ("\n");

    strcat (fin,premier);
    strcat (fin,milieu);
    strcpy (nom,fin);
}
```

Examinons ce programme ligne par ligne. Le bloc principal définit
le plan d'attaque. Il commence par demander d'entrer une identité,
dans l'ordre classique :

```
/* Filtre de noms */
#include "stdio.h"
#include "ctype.h"
char nom [186];

main ()
{
    puts ("\33[H\33[2J");
    puts ("\n\n\n\tFiltre de noms\n\n");
    printf ("Entrez le premier prenom, le second puis le nom : ");
    gets (nom);
    minus (nom);
    printf ("\n\n\nNom en minuscules => %s\n\n",nom);
    cap (nom);
    printf ("Nom avec initiales en majuscules => %s\n\n",nom);
    rotat (nom);
    printf ("Ordre administratif => %s\n\n",nom);
}
```

Les programmes principaux doivent veiller à en faire aussi peu que possible ; ils doivent principalement diriger le flux du programme.

Une fois reçu, le nom est passé à la fonction **minus** pour la conversion en minuscules. C ne permet que huit caractères dans les noms de fonctions ou de variables. Lorsque les variables sont déclarées externes, elles peuvent être limitées par votre système à six caractères. En conséquence, les noms très descriptifs autorisés en PL/1 ne peuvent pas s'utiliser en C. Lorsque le nom est renvoyé, il est affiché par la fonction **printf** (), qui insère ou place une variable au sein de son argument constante chaîne de caractères, comme dans

```
printf ("Bonjour %s", nom) ;
```

où **Bonjour** est une constante, **%s** est le caractère indiquant une chaîne et **nom** une variable. Le nom est ensuite transmis à **cap()** pour la mise de majuscules, puis affiché de nouveau. Enfin, il est transmis à la fonction **rotat** () pour être réorganisé et réaffiché.

Noter que le nom est déclaré à l'extérieur du programme principal. Il est donc implicitement externe. La section suivante montre la fonction **minus** en plein travail. La variable **nom** a servi d'argument dans l'appel de la fonction **minus (nom)**. C'est un pointeur de la variable **nom** qui est passé à **minus** et est réceptionné en tant que paramètre **chnom**. Le pointeur est déclaré avec l'opérateur indirect avant que l'on entre dans le bloc de fonction. Aussi, après qu'on y sera entré, toute référence à **chnom** sera une lvaleur.

```
minus (chnom)

char *chnom;
{
    int i;

    for (i=0; chnom[i]!='\0'; i++)
        chnom[i]=tolower (chnom[i]);
}
```

C possède de très nombreuses fonctions de chaîne, mais ce ne sont pas des fonctions du type de celles du BASIC ou PL/1. En C, les chaînes sont des tableaux, ce qui facilite leur manipulation. Les fonctions de chaînes de C sont uniques et puissantes. Dans la plupart des langages, une fonction de *sous-chaîne* est utilisée pour progresser à l'intérieur d'une chaîne. En C, chaque élément est traité un par un grâce à une boucle indexée **for**.

La boucle commence à 0, point de départ de tout tableau en C. On y recherche le caractère \0 pour déceler la fin de chaîne. Enfin, elle est incrémentée de 1. Le corps de la boucle **for** est un ordre d'affectation qui réassigne à chaque élément de **chnom** (en réalité la variable **nom**) son équivalent en minuscules grâce à la fonction **tolower** ().

Maintenant que la chaîne **nom** est entièrement en minuscules, l'étape suivante consiste à mettre en majuscules les initiales des trois parties du nom.

```
cap (chnom)

char *chnom;
{
    int i;

    chnom[0]=toupper (chnom[0]);
    for (i=1; chnom[i]!='\0'; i++)
    {
    if ( (chnom[i]!=' ') && (chnom[i-1]==' ') )
        chnom[i]=toupper (chnom[i]);
    }
}
```

Le premier caractère est changé en majuscule par la fonction **toupper()** avant de rentrer dans la boucle. Celle-ci est réglée pour s'arrêter lors de l'apparition du dernier caractère du tableau, le caractère de fin de chaîne \0. A l'intérieur du corps de la fonction, chaque caractère est analysé pour voir s'il s'agit d'un blanc. Lorsqu'un blanc est décelé, le caractère suivant, qui est le premier caractère du *sous-nom* suivant, est mis en majuscule par la fonction **toupper** ().

Jusque là tout va bien. Inverser les noms s'annonce un peu plus difficile. La fonction suivante, **rotat**, déclare trois tableaux de caractères **premier**, **milieu** et **fin**, pour héberger les trois parties du nom. Ces trois tableaux sont déclarés à *l'intérieur* de la fonction, et non pas à l'extérieur comme la variable **chnom**.

```
rotat (chnom)

char *chnom;
{
    int i,j,k,idx;
```

→

```
char premier[62], milieu[62], fin[62];

for (i=0; chnom[i]!=' '; i++)
    premier[i]=chnom[i];
```

La boucle **for** progresse pas à pas du premier caractère chnom [0]
au premier blanc, en copiant chaque caractère un par un dans la variable **premier**. Comme **premier** est une chaîne, elle doit se terminer par
\0. Elle doit aussi avoir un blanc terminal afin de ne pas chevaucher
le second prénom. On peut remarquer que l'indice de boucle est
chaque fois incrémenté par i+ +.

```
premier [i++] = ' ';
premier [i++] = '\0';
```

L'extraction du second prénom est plus délicate. On ne peut pas
commencer à partir du début du buffer de chaîne ; aussi est-ce l'ancien indice i qui tient lieu de point de départ. Il est cependant nécessaire de reculer d'une position de caractère car l'indice i était resté
au niveau du caractère \0

```
idx=0;
for (j=i-1;  ; j++)
    {
    if (chnom[j]==' ')
        break;
    if (chnom[j]=='\r')
        break;
    milieu [idx++] = chnom [j];
    }
```

Deux conditions de sortie de boucle doivent être testées : la fin
de chaîne et le blanc qui indique la fin du second prénom.
L'expression :

chnom [j] != '' $\|$ chnom [j] != '\0'

placée dans la boucle **for** pourrait convenir, mais on procède ici dif-
féremment. Un autre indice, **idx**, est créé pour commencer le tableau
de chaîne **milieu** à son point de départ, la position 0. L'ordre :

```
milieu [idx++] = chnom [j];
```

incrémente l'indice de **milieu** tandis que celui de **chnom** est géré par la boucle. Ainsi la portion d'identité qui correspond au second prénom est copiée caractère par caractère dans **milieu**. La chaîne **milieu** est ensuite terminée par le caractère \0 et l'indice de boucle est incrémenté pour être positionné au début de la sous-chaîne suivante :

```
milieu [idx++] = '\0';
j++;
```

La section suivante du programme est pratiquement une copie carbone de la précédente. L'unique différence tient au fait que seul le caractère de fin de chaîne est ici testé pour sortir de la boucle **for**.

```
idx=0;
for (k=j; chnom[k]!='\0'; k++)
    fin [idx++] = chnom[k];
    fin [idx++] = ' ';
    fin [idx++] = '\0';
    puts ("\n");
```

L'absence d'accolades après le **for** doit être notée. Cela signifie que seul l'ordre suivant sera inclus dans la boucle. Ceux qui suivent ne seront exécutés qu'*après* la sortie de la boucle (break implicite). Les parties d'identité (premier, milieu et fin) sont désormais trois entités distinctes.

La dernière chose qu'il reste à faire est de replacer ces éléments dans la variable **nom**. On sait que les tableaux ne peuvent être affectés globalement, pas plus qu'un tableau ne peut être ajouté directement à la fin d'un autre. Pour cette raison, la solution BASIC :

FIN$ = FIN$ + DEBUT$ + MILIEU$

est illégale en C.

La fonction **strcat ()** est la fonction de concaténation de chaînes. Elle ajoute la dernière chaîne à la première. La fonction **strcpy ()** est le seul moyen dont dispose C pour affecter une chaîne à une autre. Ainsi le prénom usuel est ajouté à la fin du nom de famille et la fonction **strcat ()** rajoute encore le second prénom à la suite du prénom usel. La dernière ligne place la chaîne résultante dans le tableau **nom** qui est global à tout le programme et qui peut donc être ensuite affiché par le bloc principal.

```
strcat (fin,premier);
strcat (fin,milieu);
strcpy (nom,fin);
}
```

Si la dernière ligne était :

```
strcpy (chnom,fin)
```

le résultat serait identique car **chnom** est un pointeur de nom.

MISE AU POINT D'UN PROGRAMME

Un livre entier pourrait être écrit sur la mise au point et le déverminage des programmes. Une part importante du temps de développement d'un programme est consacrée à la recherche d'erreurs. Lorsque des algorithmes originaux sont testés, un nombre substantiel d'erreurs peuvent se produire. Une exécution "à la main", après que les étapes logiques principales du programme ont été mises en évidence, devrait permettre de déceler les erreurs de logique. Un problème important subsiste cependant avec les compilateurs : ceux-ci font exactement ce qu'on leur *dit* de faire, ce qui ne correspond pas nécessairement à ce que l'on *voudrait* qu'ils fassent.

Il existe beaucoup de façons d'examiner ce qui se produit lors de l'exécution d'un programme. Il existe des outils symboliques de mise au point comme le SID de Digital *(Symbolic Instruction Debugger)*. Ils opèrent à partir du code objet produit par le compilateur, avec la restriction que ce code objet doit être compatible avec le dévermineur.

L'usage de témoins peut également servir à la mise au point d'un programme. Les témoins sont des petits bouts de code placés ici et là dans le programme source. Ils servent à suivre la logique de son exécution. On peut par exemple vouloir connaître la valeur d'une variable intermédiaire. Le témoin :

```
printf ("x = %d",x);
```

affichera à l'écran le contenu de la variable **x** au moment précis où cette instruction sera exécutée. Regardons par exemple les témoins de la version de développement du programme de la Figure 4.3. Les témoins ont été conservés pour montrer leur fonctionnement.

Le premier témoin apparaît dans la fonction **rotat** (). L'ordre printf () affiche la variable **premier** et la position de l'indice du pointeur de tableau :

```
rotat (chnom)

char *chnom;
{
    int i,j,k,idx;
    char premier[62], milieu[62], fin[62];

    for (i=0; chnom[i]!=' '; i++)
        premier[i]=chnom[i];
    premier [i++] = ' ';
    premier [i++] = '\0';
    printf ("premier=%s*indice=%d\n",premier,i);   /**/
```

Notez la densité de l'écriture dans :

```
"premier = %s*"
```

Cette technique rend apparents les blancs de début et de fin de chaîne. La présence du témoin est marquée par un commentaire vide, /**/, afin qu'il soit facile à repérer et à éliminer une fois la mise au point terminée.

Rien n'est plus frustrant qu'un programme qui boucle sans fournir de résultat visible, donc sans que l'on puisse repérer l'endroit où se produit une erreur éventuelle. Afin de suivre l'exécution, le simple message "passé par ici" pourra être d'un grand secours :

```
idx =0;
puts ("passé par ici 1");   /**/
```

Un second message du même type pourra être inséré un peu plus loin dans le programme :

```
for (j=i-1;  ; j++)
    {
    if (chnom[j]==' ')
```

→

```
        break;
    if (chnom[j]=='\r')
        break;
    milieu [idx++] = chnom [j];
    puts (milieu);                              /**/
    }
    printf ("%s\n","passe par ici 2");          /**/
```

Si le programme *disparaît* entre ces deux témoins, c'est dans cette
zone que l'on orientera les recherches.

Le témoin suivant sert à examiner la variable **milieu** et la position
courante de l'indice.

```
    milieu [idx++] = '\0';
    j++;
    printf ("milieu=%s *indice=%d\n",milieu,j); /**/
    puts (\n);                                  /**/
```

Fixer la valeur des indices dans un tel programme n'est pas la tâche
la plus simple. Si l'on se trompe d'une unité sur la valeur d'un indice,
la boucle applique son test au blanc précédant un mot. Le test étant
positif, l'exécution s'arrête sans fournir la moindre explication sur la
défaillance du programme. La connaissance de la valeur des indices
peut apporter une aide précieuse lors de la mise au point d'un
programme.

Le dernier témoin examine l'état de la variable **fin** et la position
de son indice :

```
    idx=0;
    for (k=j; chnom[k]!='\0'; k++)
        fin [idx++] = chnom[k];
        fin [idx++] = ' ';
        fin [idx++] = '\0';
        printf ("fin=%s *indice=%d\n",fin,k);   /**/
        puts ("\n");
```

5. LE FICHIER EN-TÊTE STANDARD D'ENTRÉES-SORTIES

L'appel d'un fichier en-tête finit par paraître naturel aux programmeurs expérimentés en C : on se prépare à taper un programme, on appelle l'éditeur de texte, on donne un titre au programme que l'on inclut entre les symboles /* et */, puis on tape l'instruction d'appel d'en-tête :

    #include "stdio.h"

stdio.h est le fichier en-tête standard d'entrées/sorties. Bien que ce ne soit que l'un des nombreux fichiers en-tête utilisables en C, le fichier en-tête standard d'E/S est le plus important car il définit les paramètres d'E/S, les ports et les périphériques à utiliser. Il définit aussi toute macro [1] de fonctions devant servir dans le programme, ainsi qu'un certain nombre de constantes telles **EOF, NULL, BUFSIZ** (taille des buffers) et **_NFILE** (nombre maximal de fichiers pouvant être ouverts simultanément). Il crée également des buffers et des structures de buffers pour les E/S sur fichiers. Le précompilateur inclut le fichier en-tête dans le programme. Il établit toutes les références nécessaires entre le fichier en-tête et le programme par un procédé dit de macrosubstitution.

Le fichier en-tête effectue toutes les tâches terre à terre qui auraient requis la frappe d'une ou deux pages d'instructions. Des fichiers en-tête standard sont fournis avec toutes les versions de C. Il existe aussi des fichiers en-tête spéciaux, comme ceux de télécommunications, de fonctions mathématiques (**math.h** dans le compilateur C de Microsoft), etc. Chacun peut aussi créer son propre fichier en-tête qui peut lui-même reprendre des en-têtes standard. La Figure 5.1 présente le fichier en-tête standard d'E/S du compilateur C de Microsoft [2]. On pourrait par exemple le personnaliser en y définissant une constante **EFFACE** correspondant à la chaîne d'effacement d'écran propre à un terminal donné. Il suffirait alors d'utiliser l'ordre **puts** (**EFFACE**) dans un programme pour effacer l'écran.

Figure 5.1 : Fichier en-tête standard STDIO.H *du compilateur C de Microsoft.*

```
/*
 * stdio.h
 *
 * defines the structure used by the level 2 I/O ("standard I/O") routines
 * and some of the associated values and macros.
 *
 * (C)Copyright Microsoft Corporation 1984, 1985
 */

#define  BUFSIZ  512
#define  _NFILE  20
#define  FILE    struct _iobuf
#define  EOF     (-1)

#ifdef M_I86LM
#define  NULL    0L
#else
#define  NULL    0
#endif

extern FILE {
        char *_ptr;
        int   _cnt;
        char *_base;
        char  _flag;
        char  _file;
        } _iob[_NFILE];

#define  stdin    (&_iob[0])
#define  stdout   (&_iob[1])
#define  stderr   (&_iob[2])
#define  stdaux   (&_iob[3])
#define  stdprn   (&_iob[4])

#define  _IOREAD  0x01
#define  _IOWRT   0x02
#define  _IONBF   0x04
#define  _IOMYBUF 0x08
#define  _IOEOF   0x10
#define  _IOERR   0x20
#define  _IOSTRG  0x40
#define  _IORW    0x80

#define  getc(f)    (--(f)->_cnt >= 0 ? 0xff & *(f)->_ptr++ : _filbuf(f))
#define  putc(c,f)  (--(f)->_cnt >= 0 ? (0xff & (*(f)->_ptr++ = (c)) : \
                    _flsbuf((c),(f))))

#define  getchar()  getc(stdin)
#define  putchar(c) putc((c),stdout)

#define  feof(f)    (((f)->_flag & _IOEOF)
#define  ferror(f)  (((f)->_flag & _IOERR))
#define  fileno(f)  (((f)->_file)

/* function declarations for those who want strong type checking
 * on arguments to library function calls
 */

#ifdef LINT_ARGS                        /* arg. checking enabled */

void clearerr(FILE *);
int fclose(FILE *);
int fcloseall(void);
FILE *fdopen(int, char *);
int fflush(FILE *);
int fgetc(FILE *);
int fgetchar(void);
char *fgets(char *, int, FILE *);
int flushall(void);
FILE *fopen(char *, char *);
int fprintf(FILE *, char *, );
int fputc(int, FILE *);
int fputchar(int);
int fputs(char *, FILE *);
int fread(char *, int, int, FILE *);
FILE *freopen(char *, char *, FILE *);
int fscanf(FILE *, char *, );
int fseek(FILE *, long, int);
long ftell(FILE *);
```

```
int fwrite(char *, int, int, FILE *);
char *gets(char *);
int getw(FILE *);
int printf(char *, );
int puts(char *);
int putw(int, FILE *);
int rewind(FILE *);
int scanf(char *, );
void setbuf(FILE *, char *);
int sprintf(char *, char *, );
int sscanf(char *, char *, );
int ungetc(int, FILE *);

#else                    /* arg. checking disabled - declare return type */

extern FILE *fopen(), *freopen(), *fdopen();
extern long ftell();
extern char *gets(), *fgets();

#endif  /* LINT_ARGS */
```

Tout programmeur sur micro-ordinateur doit connaître le tableau des codes ASCII. Il s'agit d'une table d'équivalence dans laquelle chaque caractère alphabétique ou numérique reçoit une valeur numérique (pouvant être exprimée selon une base décimale, hexadécimale ou octale). Par exemple, la lettre majuscule A a pour numéro de code ASCII 65 en décimal, 41 en hexadécimal et 101 en octal. Le a minuscule possède un numéro de code ASCII différent de celui du A majuscule (97 en décimal). Certains numéros de code ASCII correspondent à des fonctions spéciales : 12 en décimal (0C en hexadécimal et 14 en octal) correspond au caractère de saut de page. Il existe aussi un caractère appelé *caractère escape* de code décimal 27 (1B en hexadécimal et 33 en octal) qui est utilisé, en liaison avec d'autres caractères ASCII, pour la réalisation de certaines tâches. La séquence de caractères correspondante est appelée *séquence escape*. Les séquences escape sont en général utilisées pour demander à la partie matérielle d'un ordinateur d'effectuer une action telle que l'effacement de l'écran, le changement de mode d'une imprimante, etc. Pour que le message soit reçu par le système, les séquences escape doivent être placées au beau milieu des sorties, dans le flux des données, par des ordres comme **printf**, **puts**, etc. Par exemple, la séquence escape correspondant à l'effacement de l'écran de l'IBM PC est :

\33[2j

La barre inverse indique que le nombre qui la suit est exprimé en base octale.

Les séquences escape dépendent du matériel. Aussi tous les terminaux ne pourront-ils pas être effacés à l'aide de la séquence ci-dessus. Certains d'entre eux utilisent plutôt des caractères de contrôle. Quels que soient leurs codes, les périphériques qui ne sont pas connus de l'unité centrale seront adressés en insérant des caractères de contrôle ou des séquences escape dans les sorties qui leur sont destinées. Un langage de programmation qui n'offrirait pas cette possibilité ne répondrait pas aux besoins du programmeur professionnel. C permet d'effectuer très simplement ce genre de manipulation.

Il est de convention en C (comme dans pratiquement tous les langages qui possèdent les ordres **define** et **replace**) d'utiliser des lettres majuscules pour les constantes définies. Cela permet à qui lit ou modifie le code de voir d'emblée que telle ''variable'' est en fait une constante. L'ordre :

```
for (i = 0 ; i < = MAXINT ; i+ + )
```

boucle en incrémentant l'indice de boucle à travers le domaine complet des entiers signés positifs (qui aura pu être défini dans le fichier en-tête). Si **MAXINT** avait été écrit en minuscules, on pourrait supposer à tort qu'il s'agit d'une variable.

On peut inclure autant de fichiers en-tête qu'on le souhaite dans un programme. On peut par exemple imaginer des en-têtes spécialisés dans les E/S dirigées, pour des modems et autres périphériques dépendant du matériel, pour des sous-programmes de classification des caractères ASCII, pour des définitions de macros ou pour assurer la portabilité. Microsoft propose par exemple, avec la version 3.0 de son compilateur C, un fichier en-tête **v2tov3.h** destiné à établir les conversions nécessaires à l'intérieur des programmes écrits pour la version 2.03 (ou antérieure) et compilés sous la nouvelle version du compilateur.

6. LES FICHIERS BUFFERISÉS

Les fichiers disque ne sont faciles à apprendre dans aucun langage ou système. Tout d'abord, il faut apprendre un vocabulaire complètement nouveau, ce qui demande un temps d'adaptation. Il faut ensuite apprendre les contraintes de manipulations des différents types de fichiers.

Même en BASIC, les fichiers disque ne sont pas de tout repos. Les fichiers séquentiels de BASIC ne sont pas compliqués, mais tout ce qu'ils ont à faire est de réceptionner les données caractère qu'on leur donne et les recopier sur disque. Les fichiers directs, par contre, sont déjà plus compliqués. Souvent, les données numériques doivent être converties en chaînes puis reconverties au moment de la lecture. Certains compilateurs sont peut-être moins exigeants de ce point de vue, mais ils exigent quand même que toutes les variables soient placées dans des champs *(fields)*. L'apprentissage de l'utilisation de fichiers n'est donc pas une mince affaire, même en BASIC.

Les fichiers en Pascal ne sont pas plus simples. Ils sont sans doute un peu ardus en C, mais comme tout ce qui concerne l'apprentissage de la programmation dans un nouveau langage, lorsque leurs difficultés seront maîtrisées, un pas en avant significatif aura été accompli.

Quelques définitions avant d'aborder les fichiers disque. Les fichiers sont composés d'enregistrements individuels, et les enregistrements sont constitués de champs. Un champ de fichier peut être toute portion du flot de données qui peut être séparée par logique de l'enregistrement. Un enregistrement est une collection de champs ayant une certaine connexion logique. Un fichier est, lui, une collection d'enregistrements. Pour utiliser l'exemple souvent cité de l'annuaire téléphonique, si on écrivait l'annuaire sur disque, l'annuaire serait un fichier. Chaque ligne (constituée d'un nom, d'une adresse et du numéro de téléphone) serait un enregistrement. Chaque numéro de téléphone serait un champ, au même titre que le nom ou l'adresse.

Les fichiers séquentiels sont des fichiers composés uniquement de données en caractères ASCII. La longueur des enregistrements de fichiers séquentiels n'est pas contrôlée : ils peuvent donc avoir n'importe quelle longueur. Ces fichiers ne sont ouverts qu'une fois lors de l'écriture ; une fois écrits et fermés, ils restent fermés pour toujours. Ils ne peuvent plus être allongés ou mis à jour (à moins de connaître de solides astuces de programmation). Les fichiers séquentiels doivent être lus de haut en bas — séquentiellement — et un enregistrement particulier ne peut pas être atteint directement.

Les fichiers directs, dits aussi fichiers aléatoires, peuvent être constitués soit de données ASCII, soit de données binaires (numériques). Tous les enregistrements d'un fichier direct doivent avoir la même longueur. Un fichier direct peut être rallongé et mis à jour, et tout enregistrement peut être atteint directement, pourvu que son numéro d'ordre soit connu. C'est pour cette raison qu'on parle de fichier direct.

Le système garde la trace des fichiers grâce à un identifieur unique pour chaque fichier ouvert. En BASIC, ces identifieurs sont souvent appelés des numéros de fichiers. En C, on parle d'identification de fichiers ou ID de fichiers. Le système conserve la trace de l'enregistrement en cours de traitement grâce à un pointeur interne de fichier. La gestion de ce pointeur force le système à faire des opérations interminables et sans cesse répétées.

Après ce survol élémentaire des fichiers disque, entrons dans le vif du sujet. Les fichiers C ne sont pas comme les autres. C possède deux types de fichiers : les fichiers bufferisés et les fichiers bruts ou non bufferisés. Les fichiers bruts sont traités en enregistrement logique (128 octets de long sous CP/M, 512 sous UNIX, 512 sous MS/DOS), et les fonctions de fichiers bruts convoient l'information directement, un bloc à la fois. Une application typique de ces fichiers serait la copie de fichier à fichier, sans traitement intermédiaire. Les fichiers bufferisés, par contre, font transiter les données disque par des *buffers fichier*, aires de stockage en mémoire centrale. C'est C qui assure l'essentiel de cette gestion, et qui remplit et vide les buffers selon les besoins.

C traite par l'intermédiaire de fonctions toutes les E/S. Les fonctions de fichiers bufferisés sont décrites ci-dessous. Mais avant de les voir, quelques préliminaires :

- Les paramètres de chaque fonction sont décrits en dessous de l'appel de fonction.
- Les paramètres précédés d'un astérisque (*) ont besoin d'une lvaleur, variable ou constante possédant un emplacement mémoire.

LES FONCTIONS DE FICHIERS BUFFERISÉS

Les fonctions décrites sont celles du compilateur C de Microsoft. Seules les plus importantes d'entre elles seront évoquées ici. La syntaxe ou le nom de la fonction peut être légèrement différent pour un autre compilateur. Toutes les fonctions mentionnées nécessitent d'inclure le fichier en-tête standard **stdio.h.**.

LA FONCTION FOPEN

```
FILE *fopen (chemin d'accès, mode);
char *chemin d'accès;
char *mode
```

La fonction **fopen** ouvre le fichier spécifié et crée le buffer d'E/S associé à ce fichier [1]. L'argument "**chemin d'accès**" correspond à celui de la commande PATH de MS-DOS. Il comprend en particulier le nom du fichier à ouvrir. Les différents modes possibles sont les suivants :

"r"   Fichier ouvert en mode lecture (le fichier doit déjà exister).

"w"   Fichier ouvert en mode écriture. Si le fichier existe déjà, les données qu'il contient sont détruites. Ce mode est donc à utiliser essentiellement sur un fichier vide.

"a"   Fichier à ouvrir en mode addition (ajout de nouvelles données à la fin du fichier). La fonction crée le fichier si celui-ci n'existe pas déjà.

"r+"   Fichier ouvert en mode lecture et écriture (le fichier doit déjà exister).

"w+"   Ouverture d'un nouveau fichier en mode lecture et écriture. Si celui-ci existe déjà, son contenu est détruit.

"a+"   Ouverture d'un fichier en mode lecture et addition. Le fichier est automatiquement créé s'il n'existe pas déjà.

La fonction **fopen** retourne un pointeur sur le fichier ouvert. Le code **NULL** indique une erreur.

LA FONCTION FFLUSH

```
int fflush (fp);
FILE *fp;
.
.
.
fflush (fp);
```

La fonction **fflush** vide le buffer d'E/S associé au fichier désigné. Elle sert à amener à destination toute information se trouvant dans le buffer avant que ne soit fermé le fichier.

La valeur 0 est retournée par la fonction lorsque l'opération s'est normalement déroulée ou lorsque le fichier désigné n'était accessible qu'en mode lecture. En cas d'erreur, l'indicateur **EOF** est retourné. Il est à noter que les buffers sont automatiquement vidés lorsqu'ils sont saturés, quand un fichier est fermé ou lorsque l'exécution d'un programme est terminée.

LA FONCTION FCLOSE

```
FILE *fp;
int fclose (fp);
```

La fonction **fclose** ferme le fichier **fp** désigné après avoir vidé le buffer qui lui est associé. La valeur 0 est retournée par la fonction lorsque l'opération s'est normalement déroulée. Dans le cas contraire, l'indicateur **EOF** signale une erreur.

LA FONCTION GETC

```
FILE *fp;
int getc (fp);
```

La fonction **getc** lit un caractère à partir de la position courante du buffer du fichier **fp** désigné. Le pointeur qui lui est éventuellement associé est automatiquement incrémenté. La fonction retourne le caractère lu, ou l'indicateur **EOF** en cas d'erreur (ou d'atteinte de la fin du fichier).

LA FONCTION UNGETC

```
FILE *fp;
'int c;
int ungetc (c,fp);
```

La fonction **ungetc** repousse le caractère **c** dans le buffer d'E/S associé au fichier. Celui-ci doit être ouvert pour permettre la lecture. L'opération de lecture suivante commencera à partir du caractère **c** en question. Il n'est pas possible d'utiliser cette fonction sur l'indicateur de fin de fichier (la fonction serait alors ignorée). La fonction retourne le caractère **c** repoussé, ou l'indicateur **EOF** en cas d'échec.

LA FONCTION GETW

```
FILE *fp;
int getw (fp);
```

La fonction **getw** lit la prochaine valeur binaire de type **int** en attente dans le buffer d'E/S associé au fichier désigné. Le pointeur (s'il en existe un) est automatiquement incrémenté. La fonction retourne la valeur lue, ou l'indicateur **EOF** en cas d'erreur ou d'atteinte de la fin du fichier.

LA FONCTION PUTC

```
FILE *fp;
int c;
int putc (c,fp);
```

La fonction **putc** écrit le caractère **c** à la position courante dans le buffer d'E/S associé au fichier **fp** désigné. Cette fonction retourne le caractère écrit, ou l'indicateur **EOF** en cas d'erreur.

LA FONCTION PUTW

```
FILE *fp;
int binint;
int putw (binint,fp);
```

La fonction **putw** écrit une valeur binaire de type **int** à la position courante du buffer d'E/S associé au fichier **fp** désigné. La valeur écrite est retournée par la fonction (ou l'indicateur **EOF** en cas d'erreur ou d'atteinte de la fin du fichier).

LA FONCTION FPRINTF

```
FILE *fp;
char *format;
fprintf (fp,format,argument 1,argument 2,...)
```

La fonction **fprintf** écrit des données formatées dans le buffer d'E/S associé au fichier **fp**. Les arguments de la fonction sont formatés dans leurs champs respectifs en accord avec la chaîne définie dans **format**. La fonction retourne le nombre de caractères écrits.

LES FONCTIONS SCANF, SSCANF ET FSCANF

```
FILE *fp;
char *format;
int   scanf (fp,format,argument 1,argument 2,...);
int  fscanf (fp,format,argument 1,argument 2,...);
inf sscanf (fp,format,argument 1,argument 2,...);
```

Les fonctions **scanf**, **fscanf** et **sscanf** formatent les entrées, en accord avec la chaîne définie dans **format**. La fonction **scanf** lit des entrées provenant de l'unité standard définie par **stdin**, **sscanf** lisant des entrées sur des fichiers bufferisés et **fscanf** s'appliquant à n'importe quelle unité spécifiée. Les arguments de ces fonctions doivent être de type pointeur. Ils spécifient l'adresse de destination des entrées formatées.

Ces fonctions retournent le nombre de champs qui ont été convertis et auxquels une valeur a pu être assignée. La valeur retournée ne comprend pas les champs qui ont pu être lus mais auxquels une valeur n'a pu être assignée. La valeur 0 obtenue en retour signifie qu'aucun champ n'a pu être assigné et l'indicateur **EOF** correspond à l'atteinte de la fin du fichier.

LA FONCTION FGETS

```
FILE *fp;
char *chaine;
int n;
char fgets (chaine, n, fp);
```

La fonction **fgets** lit un texte (un bloc de caractères se terminant par le caractère (\0) provenant du buffer d'E/S associé au fichier **fp** et le stocke dans l'argument **chaine** spécifié. Le paramètre **n** permet de spécifier le nombre maximal de caractères devant être lus. La fonction retourne la chaîne stockée. L'indicateur **NULL** est retourné en cas d'erreur ou d'atteinte de la fin du fichier.

LA FONCTION FPUTS

```
FILE *fp;
char *chaine;
int fputs (chaine, fp);
```

La fonction **fputs** lit une chaîne de caractères en mémoire et la copie dans le buffer d'E/S associé au fichier spécifié. Le caractère de terminaison de la chaîne (\0) n'est pas recopié.
La fonction **fputs** retourne le dernier caractère écrit dans le buffer, ou la valeur \0 si la chaîne est vide. L'indicateur **EOF** signale une erreur.

ARGUMENTS D'UNE LIGNE DE COMMANDE

Il est courant de passer un ou deux noms de fichiers dans la ligne de commande qui appelle un programme. Le chargement d'un traitement de texte et d'un fichier à éditer constitue un bon exemple. Ainsi :

A > WS fichier.txt

charge le traitement de texte WordStar qui crée ou charge automatiquement le fichier **fichier.txt**.

De façon interne, le système d'exploitation stocke le ou les noms de fichiers invoqués avec le fichier programme afin que celui-ci puisse les utiliser. Les noms de fichiers sont des vecteurs arguments [2], soit, en C, **argv**. Pour garder trace de leur nombre, il existe un compteur d'arguments, **argc**. Si un deuxième nom de fichier est tapé à la console, il devient **arg[1]**, le premier paramètre. Le troisième nom de fichier serait **arg[2]**, le second paramètre.

Pour passer **argv** au programme, on doit faire référence à un pointeur de pointeur (C peut pointer vers n'importe quel type de donnée, y compris un pointeur). Les paramètres et déclarations sont alors de la forme :

```
main (argc, argv)
char **argv;
```

argc n'a pas besoin de déclaration car il fait partie du langage et est un simple entier.

LES ENTRÉES SUR FICHIERS BUFFERISÉS

Les programmes qui suivent ont été écrits en C Microsoft et utilisent son fichier en-tête standard **stdio.h**. Pour fonctionner avec tout autre compilateur, on peut soit définir son propre fichier en-tête, soit modifier certaines définitions de constantes du fichier en-tête livré avec le compilateur.

Le programme de la Figure 6.1 traite des entrées à partir de fichiers bufferisés. Il lit les fichiers spécifiés dans la ligne de commande et place leur contenu dans un buffer de fichier avant de les afficher à l'écran.

Figure 6.1 : Programme d'entrée sur fichier bufferisé.

```
/* Programme d'entree sur fichier bufferise */

#include "stdio.h"

main (argc,argv)
char **argv;

{
    char *chptr;
    FILE *fp;

    puts ("\n\n\n\n\tProgramme de Lecture de Fichier\n");
```

```
if (argc != 2)
    {
        puts ("Vous devez entrer le nom du fichier  lire");
        puts ("au moment de l'appel du programme ...");
        exit ();
    }

fp = fopen (argv [1],"r");
if (fp == NULL)
    {
        printf ("Le fichier %s ne peut pas etre ouvert",argv [1]);
        exit ( );
    }

while (fgets (chptr, BUFSIZ, fp) != NULL)
    printf ("%s\n", chptr );

fflush (fp);
fclose (fp);
}
```

Examinons ce programme ligne par ligne.

```
#include "stdio.h"

main (argc,argv)
char **argv;
```

Les paramètres nombre d'arguments et vecteurs argument sont passés au bloc principal et **argv** est défini en tant que pointeur. La taille du buffer d'entrée **BUFSIZ** dépend naturellement du système d'exploitation. Elle est définie dans le fichier en-tête standard [3].

```
puts ("\n\n\n\tProgramme de Lecture de Fichier\n");
if (argc != 2)
    {
        puts ("Vous devez entrer le nom du fichier a lire");
        puts ("au moment de l'appel du programme ...");
        exit ();
    }
```

Le test **if (argc != 2)**, pour voir si le nombre d'arguments passés est de 2, assure qu'un nom de fichier à ouvrir est disponible, le programme étant lui-même **argc [1]**. Si aucun nom de fichier n'est présent, le programme se plaint car on doit communiquer le nom du fichier d'entrée au moment de l'appel du programme. Il rend ensuite la main au système afin de redonner à l'opérateur la possibilité d'entrer le nom de fichier voulu dans la ligne de commande.

La partie qui suit constitue notre premier contact avec les ordres d'entrée sur fichier bufferisé.

```
fp = fopen (argv [1],"r");
if (fp == NULL)
    {
        printf ("Le fichier %s ne peut pas etre ouvert",argv [1]);
        exit ( );
    }
```

La fonction **fopen** ouvre le fichier dont le nom a été donné dans la
ligne de commande. C ouvre donc le fichier et remplit le buffer des
données lues dans le fichier d'entrée. Le plein du buffer est refait aussi
souvent que nécessaire, sans intervention du programme ou du programmeur. **NULL** est défini dans le fichier en-tête avec la valeur 0 [4].
Si pour une raison quelconque le fichier ne peut pas être ouvert, le
programme se plaint de nouveau et rend la main au système. Dans
les comparateurs comme **if**, l'opérateur doit être l'*égal logique* ($==$)
et non pas l'*égal d'affectation* ($=$).

La partie suivante contient l'essentiel du programme :

```
while (fgets (chptr, BUFSIZ, fp) != NULL)
       printf ("%s\n", chptr );
```

La fonction **fgets** renvoie un zéro (**NULL**) et sort de la boucle quand
elle rencontre la marque de fin de fichier. **fgets** lit une ligne (une
chaîne terminée par le caractère \n) et la place dans la zone pointée
par **chptr**. La fonction d'affichage **printf** formate la chaîne puis l'affiche à l'écran.

Une fois cela réalisé, l'exécution se poursuit et la fonction **fflush**
vide le buffer d'E/S avant que **fclose** ne ferme le fichier.

```
        fflush (fp);
        fclose (fp);
    }
```

La plupart des programmes de ce chapitre peuvent opérer sur leur
propre code. Si l'on tape, après compilation :

pgmentrée pgmentrée.C

qui correspond à l'appel du programme compilé **pgmentrée.EXE** avec
l'argument de ligne de commande **pgmentrée.C** (fichier source du
programme compilé), le listing du code source s'affiche à l'écran.

Le programme de la Figure 6.2 est un compteur de mots qui recense
les mots, lignes et caractères d'un fichier. Contrairement au pro-

gramme précédent qui travaille avec une ligne de données à la fois, celui-là montre l'utilisation de la fonction **getc** qui opère caractère par caractère.

Figure 6.2 : Comptage de mots, lignes et caractères.

```
/* Compteur de Caracteres, Mots et Lignes */

#include "stdio.h"

#define VRAI 1
#define FAUX 0
#define EFFACE "\33[H\33[2J"

        int i, p, nl, nm, nc, mot;
        FILE *ifd;

main (argc,argv)
char **argv;
{
        puts (EFFACE);
        puts ("\n\n\n\t\t Compteur de Caracteres, Mots et Lignes");
        if (argc != 2)
            {
                puts ("\nVous devez entrer le nom du fichier a traiter");
                puts (" dans la ligne de commande...");
                exit();
            }

        ifd = fopen (argv [1],"r");
        if (ifd == NULL)
            {
                printf ("\n\nLe fichier %s ne peut pas etre ouvert...",argv [1]);
                exit ();
            }

        mot = FAUX;
        nl = nm = nc = 0;

        while ( (p = getc (ifd)) != EOF)
            {
                ++nc;
                if (p == '\n')
                    {
                        ++nl;
                        --nc;
                    }

                if (p == '\r' || p == ' ' || p == '\t')
                    {
                        mot = FAUX;
                        --nc;
                    }
                else if (mot == FAUX || p =='\n')
                        {
                            mot = VRAI;
                            ++nm;
                        }
            }

        nm -= 1;

        printf ("\n\t%5d Lignes - %8o Mots - %11d Caracteres",nl,nm,nc);
        fflush (ifd);
        fclose (ifd);
}
```

Ce programme diffère de celui de la Figure 6.1 à partir des lignes suivantes :

```
mot = FAUX;
nl = nm = nc = 0;
```

L'indicateur **mot** permet de savoir si le programme se trouve ou non à l'intérieur d'un mot. Les variables **nl**, **nm** et **nc** (nombre de lignes, de mots, de caractères) sont initialisées toutes trois à zéro grâce à l'aptitude, unique à C, d'initialiser de droite à gauche.

Une boucle conditionnelle qui prélève les caractères un à un dans le fichier est ensuite mise en œuvre pour les affecter comme valeur au caractère **p**. La sortie de la boucle survient lorsque le caractère testé est le marqueur de fin de fichier **EOF**.

```
while ( (p = getc (ifd)) != EOF)
```

En même temps que le caractère est récupéré par **getc ()**, le nombre de caractères **nc** est incrémenté :

```
++nc;
```

Si le caractère lu est le marqueur de saut de ligne, le compteur **nl** est incrémenté et **nc** est diminué d'une unité :

```
if (p == '\n')
    {
        ++nl;
        --nc;
    }
```

Si le caractère est un blanc, une tabulation ou le symbole saut de ligne (qui sous MS-DOS se trouve dans la combinaison retour chariot/saut de ligne), **mot** est rendu égal à **FAUX** pour indiquer que l'on ne se trouve plus à l'intérieur d'un mot. Là encore, **nc** est diminué d'une unité.

```
if (p == '\r' || p == ' ' || p == '\t')
    {
        mot = FAUX;
        --nc;
    }
```

Si le caractère n'est aucun des précédents, c'est que l'on se trouve à l'intérieur d'un mot. La variable **mot** doit donc être remise à **VRAI** et le nombre de mots **nm** doit être incrémenté :

```
else if (mot == FAUX || p =='\n')
        {
             mot = VRAI;
             ++nm;
```

La variable **nm** est ensuite diminuée d'une unité pour tenir compte du fait qu'un caractère saut de ligne précède le marqueur de fin de fichier. Il ne reste plus qu'à afficher le résultat des calculs :

```
nm -= 1;
printf ("\n\t%5d Lignes - %8d Mots - %11d Caracteres",nl,nm,nc);
fflush (ifd);
fclose (ifd);
```

La fonction **printf** affiche le nombre de lignes, mots et caractères lus, en formatant les sorties en accord avec la chaîne qui lui est donnée comme argument.

Après compilation, le programme source peut être donné en pâture au programme compilé en tapant, dans l'hypothèse où la partie principale du nom de ces programmes est **compte** :

```
compte compte.C
```

Le programme fournira alors les propres statistiques de ses sources.

LES SORTIES SUR FICHIERS BUFFERISÉS

Le programme de la Figure 6.3 lit des données dans un fichier disque et convertit tous les caractères majuscules en minuscules.

Figure 6.3 : Programme de lecture dans un fichier, conversion de caractères, et écriture du résultat dans le fichier.

```
/* Programme de lecture de fichier, conversion en majuscules et ecriture
   dans un autre fichier
*/

#include "stdio.h"
#include "ctype.h"
#define EFFACE "\33[H\33[2J"                               →
```

```
#define ERREUR -1

main (argc,argv)
char **argv;
{
    FILE *pf1,*pf2;
    int c;

    puts (EFFACE);
    puts ("\n\n\n\t Conversion en majuscules de fichier  fichier\n");
    if (argc != 3)
        {
            puts ("\tEntrez les noms de fichiers source et destination\n");
            puts ("\t\t\t\t\tdans la ligne de commande\n");
            exit ();
        }
    if ( (pf1 = fopen (argv [1],"r")) == NULL)
        {
            printf ("\n\t %s ne peut pas etre ouvert\n",argv [1]);
            exit ();
        }

    if ( (pf2 = fopen (argv [2],"w")) == NULL)
        {
            printf ("\n\t %s ne peut pas etre ouvert",argv [2]);
            exit ();
        }

    while ( (c = getc (pf1)) != EOF)
        if (putc (toupper (c) , pf2) == ERREUR)
            {
                puts ("\n\tProbleme d'Ecriture sur Disque");
                exit ();
            }

    fflush (pf2);
    fclose (pf1);
    fclose (pf2);
}
```

L'originalité de ce programme se situe à partir des lignes suivantes :

```
if ( (pf2 = fopen (argv [2],"w")) == NULL)
    {
        printf ("\n\t %s ne peut pas etre ouvert",argv [2]);
```

La fonction **fopen** crée un nouveau fichier en lui donnant le nom du dernier argument placé sur la ligne de commande. En cas d'erreur lors de l'ouverture, la fonction renvoie la valeur **NULL** définie à 0 dans le fichier en-tête **stdio.h**.

```
while ( (c = getc (pf1)) != EOF)
    if (putc (toupper (c) , pf2) == ERREUR)
        {
            puts ("\n\tProbleme d'Ecriture sur Disque");
            exit ();
        }
```

Le caractère **c** est récupéré par **getc** () tant qu'il n'a pas pour valeur l'indicateur de fin de fichier. A chaque itération, **c** est converti en majuscule par la fonction **toupper**. Si le caractère n'est pas une minuscule, il n'est pas traité. Si la fonction renvoie une erreur, le programme s'arrête. En sortie de la boucle **while**, le fichier a été converti. Pour le compléter, l'indicateur de fin de fichier est écrit dans le buffer en guise de dernier caractère.

```
fflush (pf2);
fclose (pf1);
fclose (pf2);
}
```

Il ne reste plus qu'à effectuer les tâches habituelles de vidage du buffer et de fermeture des deux fichiers. Compilons le programme et faisons-le tourner sur son propre code source. Celui-ci ne comportera plus que des majuscules.

Le programme de la Figure 6.4 traite également de l'écriture dans les fichiers bufferisés. Il lit un fichier et l'écrit une ligne à la fois en incrémentant un compteur de lignes. Rien de très nouveau à cela si ce n'est l'utilisation d'une instruction **printf** améliorée. Le compteur de lignes, **nligne**, est incrémenté à chaque passage à travers la boucle puis est placé comme valeur à afficher dans la sortie formatée.

Figure 6.4 : Programme de numérotation des lignes d'un texte.

```
/* Programme de numerotation des lignes de texte */

#include "stdio.h"
#define EFFACE "\33[H\33[2J"

main (argc,argv)
char **argv;
{
    FILE *pf1;
    char *chptr;
    char *esbuf;
    int nligne;

    puts (EFFACE);
    puts ("\n\n\n\n\t\tNumerotation des Lignes d'un Texte\n");
    if (argc != 2)
        {
            puts ("\t\tEntrez le nom du fichier a traiter ");
            puts ("\t\t lors de l'appel du programme...\n");
            exit();
        }

    if ( (pf1 = fopen (argv [1],"r") ) == NULL)
        {
            printf ("\t\t %s ne peut pas etre ouvert\n",argv [1]);
            exit ();
        }

    nligne = 1;
```

```
while ( (chptr = fgets (esbuf,BUFSIZ,pf1) ) != NULL)
        printf ("%3d: %s",nligne++,chptr);

    fclose (pf1);
}
```

LES SORTIES SUR FICHIERS BUFFERISÉS
AVEC DRIVER D'IMPRIMANTE

Le programme de la Figure 6.5 édite le contenu d'un fichier buffe-risé sur une imprimante. C n'a pas de protocole standard pour une sortie sur imprimante [5]. C'est au programmeur d'écrire son propre conducteur *(driver)*.

Figure 6.5 : Écriture dans un fichier bufferisé avec conduite d'imprimante.

```
#include "stdio.h"
#include "ctype.h"
#define SP 0x0C
#define LONGPAGE 63

int colno,lignlibr;

main (argc,argv)
char **argv;
{
    FILE *pf;
    char *chptr,*esbuf;
    int c;

    efface ();
    puts ("\n\n\n\n\t\tProgramme de Gestion d' Imprimante\n\n");
    if (argc != 2)
        {
            puts ("\t\tEntrez le nom du fichier a imprimer");
            puts ("\t\t lors de l'appel du programme...\n");
            exit ();
        }

    if ( (pf = fopen (argv [1],"r") ) == NULL)
        {
            printf ("\t\t %s ne peut pas etre ouvert...",argv [1]);
            exit ();
        }

    for ( ; ; )
        {
            if ( (chptr = fgets (esbuf,BUFSIZ,pf) ) == NULL)
                break;
            if ( imprmte (chptr) ) continue;
            if ( lignlibr > 2 ) continue;
            sautpage ( );
        }

    sautpage ( );
}

imprmte (chaine)
char *chaine;
{
```

```
        char c,spflag;
        spflag = 0;

        while (c = *chaine++)
            switch ( c )
            {
              case SP:
                    spflag = 1;
                    break;
              case '\n':
                    emettre ('\r');
                    emettre ('\n');
                    colno = 0;
                    lignlibr--;
                    break;
              case '\t':
                    do
                    {
                        emettre (' ');
                        colno++;
                    }
                    while (colno % 8);
                        break;
              default:
                    emettre (c);
                    colno++;
            }

        if (spflag) sautpage ( );
        return spflag;
}

emettre (c)
char c;
{
    bdos (5,c);
}

sautpage ( )
{
    if (SP)
            emettre ( SP );
        else
            while (lignlibr--)
                emettre ('\n');
    lignlibr = LONGPAGE;
}

efface ()
{
    puts ("\33[H\33[2J");
}
```

Tout commence à :

```
for ( ; ; )
```

Nous sommes en présence d'une boucle infinie, ce qui implique que celle-ci devra être quittée par un test interne au bloc **for**. Voici le test :

```
if ( ( chptr = fgets (esbuf,BUFSIZ,pf) ) = = NULL )
    break;
```

La fonction **fgets** place chaque ligne, comme convenu, à l'emplacement pointé par **chptr**. Quand la marque de fin de fichier MS-DOS est rencontrée, **fgets** renvoie la valeur **NULL** et l'ordre **break** est activé.

Voici maintenant la ligne de programme qui envoie la sortie vers l'imprimante. Le pointeur **chptr** est passé à la fonction **imprmte** dans l'expression :

```
if ( imprmte ( chptr ) ) continue;
```

La constante **LONGPAGE** a été définie avec la valeur 63 en début de programme. S'il reste plus de deux lignes à écrire, le programme passe une nouvelle fois par la boucle sans exécuter les lignes au-delà du **continue**, ce qui ramène le programme en début de boucle.

```
        if ( lignlibr > 2 ) continue;
        sautpage ( );
    }

    sautpage ( );
```

S'il reste moins de deux lignes, la ligne suivante s'exécute en invoquant la fonction **sautpage** () (on ne peut pas *appeler* une fonction en C) qui produit un saut de page.

Considérons maintenant le reste de ce driver d'imprimante optimisé : le pointeur **chptr**, qui était au préalable passé à la fonction **imprmte**, est reçu sous l'étiquette **chaine**. Noter la ligne suivante **char *chaine;**. On veut que **chaine** soit un objet, une aire de stockage manipulable, aussi le déclare-t-on tout bonnement en tant qu'objet à l'aide de l'opérateur indirect *****. Cela indique à C que **chaine** est l'objet d'un pointeur.

Deux variables caractère sont créées ensuite : l'indicateur de saut de page **spflag** et une variable caractère simple **c**.

```
    {
        char c,spflag;
        spflag = 0;
```

spflag est initialisé à 0 pour indiquer la condition 'non' ou FAUX.

C a une façon bien à lui d'en dire plus que ce qui saute immédiatement aux yeux. La ligne suivante dit beaucoup de choses bien qu'elle semble assez simple :

```
while ( c = *chaine + + )
```

c est l'objet de l'affectation de *chaine. chaine est en réalité le poin-
teur de la chaîne saisie par fgets. C'est donc un pointeur de tableau.
On ne peut pas affecter un tableau globalement, et C ne l'ignore pas.
Ce que l'ordre exprime en fait est :

```
c = chaine [ indice + + ];
```

A la première itération, *chaine correspondait à chaine[0] car toute
référence à un tableau chaîne porte sur le premier élément de ce
tableau. Chaque nouvelle itération incrémente ensuite l'indice implicite du tableau.

BRANCHEMENT COMPOSÉ : L'ORDRE CASE

Le driver d'imprimante de la Figure 6.5 offre un bon exemple de
la structure de programmation appelée case. Il s'agit là d'un concept
majeur de programmation bien qu'il ne soit pas supporté par tous
les langages. Le case est un branchement multiple, qui donne au code
le choix de poursuivre dans une parmi plusieurs directions possibles.
Un exemple usuel de case est la question à choix multiple pour
laquelle on doit choisir une réponse : A, B, C ou D. Dans sa version
la plus primitive, le case est le IF arithmétique de FORTRAN et le ON-
GOTO du BASIC. PL/1 n'en possède pas de vrai, mais il utilise son
GOTO en liaison avec des étiquettes indexées, ce qui équivaut au
case. Pascal possède aussi un excellent case, mais c'est bien celui
de C qui remporte la palme.

Le but de case est de fournir un branchement multiple. Les goto
de C, comme tous les goto, fournissent un branchement incondition-
nel et unidirectionnel vers une étiquette (par exemple, goto main).
Les ordres if et if-else permettent un branchement bidirectionnel (si
une condition est vraie, le programme va d'un côté, sinon il va de
l'autre). Avec suffisamment de if-else-if, on peut réaliser quelque chose
qui s'approche du case (en perdant beaucoup en clarté du code).
La structure de case reste bien le véhicule idéal pour les branchements multiples.

Le case fournit des possibilités quasi illimitées de branchements (255
branches dans la plupart des versions). Il fonctionne en liaison avec

l'ordre **switch**, qui renferme la variable qui est, en essence, l'*argu-ment* de la structure. L'ordre **case** offre la possibilité de conserver la constante qui sert d'étiquette au **switch**. Le rôle de la combinai-son **switch/case** est de permettre à **switch** de comparer la valeur de la variable qui lui est transmise avec les étiquettes, puis de se bran-cher aux étiquettes appropriées du **case**. L'étiquette elle-même doit être soit de type entier, soit une constante caractère ou une expres-sion constante. L'ordre **break** va de pair avec la combinaison **switch/case**. Il fournit une sortie immédiate de la structure de **case** en évitant au programme d'exécuter automatiquement les autres bran-ches du **case**. Enfin, une valeur par défaut est fournie, qui sert d'ul-time solution si aucune des étiquettes du **case** ne correspond à la variable du **switch**. Le conducteur d'imprimante de la Figure 6.5 pré-sente un bon exemple de **case** complet. Voyons en détail cette por-tion de code.

L'ordre **switch** suivant est un branchement composé qui transmet le contrôle du programme à l'un des ordres **case**. L'expression qui sert d'argument à **switch** est comparée aux expressions constantes qui suivent chaque **case**. Examinons le premier d'entre eux.

```
while (c = *chaine++)
    switch ( c )
    {
        case SP:
            spflag = 1;
            break;
```

Le **switch** de **case** prend la valeur du caractère c. Le premier test à l'intérieur du bloc est SP (saut de page). Le caractère ':' après **case** SP indique que SP est l'étiquette du **case**. Toutes les étiquettes sont suivies de ':'. Si le caractère saut de page (0x0C en hexadécimal) est reçu, l'indicateur de saut de page **spflag** est mis à 1. Vient ensuite l'ordre **break** pour sortir de la structure **case**.

Cette portion de code mérite attention pour d'autres raisons. Le SP: ne produit pas le lancement d'une nouvelle page, mais active simplement un indicateur de nouvelle page qui sera traité plus tard.

Examinons maintenant le **case** suivant :

```
case '\n':
    emettre ('\r');
    emettre ('\n');
```

```
colno = 0;
lignlibr--;
break;
```

Si un caractère retour chariot est reçu, on exécute une paire retour chariot/saut de ligne. Lorsqu'on frappe la touche RETURN ou ENTER sur un micro-ordinateur, la console génère d'elle-même la séquence retour chariot/saut de ligne. Pour le driver d'imprimante, rien ne se fait automatiquement et le programme doit veiller à fournir cette séquence.

Comme un retour chariot a été émis, la tête d'écriture est revenue à la colonne 0, aussi le numéro de colonne **colno** doit être mis à 0. De plus, pour tenir compte de l'ajout d'une nouvelle ligne de texte dans la page, le nombre de lignes disponibles, **lignlibr**, doit être décrémenté.

Même la plus humble tabulation ne peut être tenue pour acquise. Les lignes suivantes sont nécessaires pour exécuter le **tab** :

```
case '\t':
    do
    {
        emettre (' ');
        colno++;
    }
    while (colno % 8);
        break;
```

Le **case** reconnaît le caractère '\t' et amène le programme où les tabulations sont obtenues par affichage d'une succession de blancs. On imprime un espace blanc (020 hexadécimal) en incrémentant le nombre de colonnes. L'ordre **while** teste le numéro de colonne en testant si le reste de la division modulo 8 du numéro de colonne **colno** est égal à 0. Tant que cette condition n'est pas satisfaite, ce qui indique que le numéro de colonne n'est pas un multiple de 8, la boucle continue de s'exécuter en imprimant des blancs. Lorsque le reste est nul, le test échoue et on sort de la boucle.

La possibilité de défaut est l'un des points forts de la structure **case** de C. Si tous les tests ont échoué, le caractère traité doit être un caractère imprimable ; il est alors transmis à la fonction **emettre ()**.

```
default:
        emettre (c);
        colno++;
}
```

Le numéro de colonne est ensuite incrémenté.

Il est temps maintenant de tester l'indicateur de saut de page et, au cas où il serait à 1, d'invoquer la fonction **sautpage** ().

```
if (spflag) sautpage ( );
return spflag;
}
```

Après tout ce travail, tout n'est pas réglé car on ne sait pas encore comment transmettre les sorties à l'imprimante. La réponse dépend malheureusement de chaque matériel, et c'est probablement pour cela qu'elle n'est pas incorporée au langage. UNIX et C furent créés ensemble pour travailler de pair et c'est UNIX qui libère C de la dépendance aux périphériques d'E/S. Sans UNIX, C n'a pas d'autre choix que de s'en remettre aux fonctions d'E/S sur fichiers. UNIX s'attend à ce que la sortie du programme ait lieu sur la «sortie standard» qui est l'écran. Si on désire des sorties sur papier, on redirige les sorties vers l'imprimante.

Lorsqu'on travaille sous MS-DOS ou CP/M, on doit passer un à un les caractères au système, en l'appelant au travers de son BIOS. Cette portion du système doit son nom à l'expression anglaise *Basic Input Output System*. Le BIOS permet un certain nombre de *call* correspondant aux diverses fonctions des BIOS et BDOS du système d'exploitation. Il existe de 20 à 100 appels possibles selon la version de MS-DOS, CP/M ou MP/M utilisée. Chaque numéro d'appel demande au système d'effectuer une de ses fonctions intrinsèques.

La fonction BIOS MS-DOS qui écrit un caractère dans le port de sortie imprimante correspond au numéro 5.

```
emettre (c)
char c;
{
    bdos (5,c);
}
```

L'intérêt de C en tant que langage intermédiaire apparaît maintenant. Il nous épargne la peine de programmer en assembleur, ce qui est normalement la seule façon d'accéder à l'imprimante.

Que se passe-t-il derrière cet appel de fonction ? Le système sauvegarde sur la pile les contenus des registres du CPU, place le caractère à émettre dans un registre adapté, l'envoie vers le port imprimante, et extrait de la pile le contenu des anciens registres pour les remettre en place. Tout cela est effectué de façon transparente à l'utilisateur. La meilleure programmation en assembleur est toujours celle qu'on peut éviter de faire.

La fonction **sautpage** ne transmet que l'équivalent d'un saut de page à l'imprimante car de nombreux matériels ne comprennent pas la commande de saut de page (ASCII 12 décimal). On envoie en fait une succession de sauts de ligne jusqu'à obtention de l'équivalent d'un saut de page.

```
sautpage ( )
{
    if (SP)
            emettre ( SP );
        else
            while (lignlibr--)
                    emettre ('\n');
    lignlibr = LONGPAGE;
}
```

Si **SP** est à 0 à cause de l'absence d'un éjecteur de page dans la logique de l'imprimante, on entre dans une boucle des plus simples, une boucle **while**. C'est là qu'est réalisé l'équivalent du saut de page. Tant que la variable **lignlibr** n'indique pas que le nombre de lignes disponibles n'est pas nul, la boucle continue et un nouveau saut de ligne est envoyé à l'imprimante. Lorsque **lignlibr** est à 0 le programme sort de la boucle.

SORTIE SUR IMPRIMANTE DE FICHIERS BUFFERISÉS AVEC NUMÉROTATION

Le dernier programme de ce chapitre est presque une copie du programme de conduite d'imprimante de la Figure 6.5. Il possède toutefois un intérêt particulier pour le programmeur car il permet de lister, en le numérotant par ligne, le contenu d'un fichier. Cela évite d'utiliser des lignes de commande compliquées de MS-DOS ou CP/M. Comme les compilateurs utilisent des numéros de ligne pour référencer leurs messages d'erreur, le programmeur doit posséder un outil rapide pour obtenir une copie papier d'un programme en cours de développement. C'est le but du programme de la Figure 6.6. Voyons ce qui se passe lorsque le programme s'appelle lui-même.

Figure 6.6 : Édition sur imprimante avec numérotation des lignes.

```
/* Programme d' Edition sur Imprimante avec Numerotation des Lignes */

#include "stdio.h"
#define SP 0x0C
#define LONGPAGE 63

int colno,lignlibr,nligne;

main (argc,argv)
char **argv;
{
    FILE *pf;
    char *chptr,esbuf [80],*nomfich,lignbuf [80];
    int c,nl;

    lignlibr = LONGPAGE ;
    nligne = 1;
    efface ( );
    puts ("\n\n\t\tEdition sur Imprimante avec Numerotation de Lignes\n");
    if (argc != 2)
        {
            puts ("\t\tEntrez le nom du fichier a imprimer");
            puts ("\t\t dans la ligne de commande...");
            exit ();
        }

    if ( (pf = fopen (argv [1],"r") ) == NULL)
        {
            printf ("\t\t %s ne peut pas etre ouvert...", argv [1]);
            exit ( );
        }

    nomfich = *++argv;
    nl = sprintf (lignbuf,"%28s%s\n\n","fichier: ",nomfich);
    imprmte (lignbuf);

    for ( ; ; )
        {
            if ( (chptr = fgets (esbuf,BUFSIZ,pf) ) == NULL)
                break;
            if ( imprmte (chptr) ) continue;
            if ( lignlibr > 2 ) continue;
            sautpage ();
        }
    sautpage ();
}

imprmte (chaine)
char *chaine;
{
    char c,spflag,nstr [4];
    int i;
    spflag = 0;

    while (c = *chaine++)
        switch ( c )
            {
```

```
        case SP:
                spflag = 1;
                break;
        case '\n':
                emettre ('\r');
                emettre ('\n');
                impnbr (nligne++);
                emettre (':');
                emettre (' ');
                colno = 0;
                lignlibr--;
                break;
        case '\t':
                do
                {
                        emettre (' ');
                        colno++;
                }
                while (colno % 8);
                break;
        default:
                emettre ( c );
                colno++;
        }

    if ( spflag ) sautpage ();
    return spflag;
}

emettre (c)
char c;
{
    bdos (5,c);
}

sautpage ()
{
    if (SP)
            emettre (SP);
        else
            while (lignlibr--)
                    emettre ('\n');
    lignlibr = LONGPAGE;
}

efface ()
{
    puts ("\33[H\33[2J");
}

impnbr (n)
int n;
{
    int i , j;
    char s [6];

    i = 0;
    do
    {
        s [i++] = n % 10 + '0';
        j = i;
    }
    while ( ( n /= 10 ) > 0);
    s [i] = '\0';
    for (i = j ; i > -1 ; i--)
        emettre ( s [i] );
}
```

La partie originale de ce programme apparaît ci-dessous :

```
imprmte (chaine)
char *chaine;
{
```

→

```
char c,spflag,nstr [4];
int i;
spflag = 0;

while (c = *chaine++)
    switch ( c )
    {
      case SP:
            spflag = 1;
            break;
      case '\n':
            emettre ('\r');
            emettre ('\n');
            impnbr (nligne++);
            emettre (':');
            emettre (' ');
            colno = 0;
            lignlibr--;
            break;
```

Après émission de la paire retour chariot/saut de ligne, le numéro
de ligne qui avait été initialisé dès la première ligne du code exécutable est incrémenté et envoyé à la fonction **impnbr**. Deux points (:)
et un blanc sont ensuite ajoutés, ce qui donne en début de chaque
ligne un numéro suivi de deux points. A partir de là, tout se passe
comme dans le programme de la Figure 6.5 mais examinons de près,
quand même, la portion de code suivante. Un nouveau problème
est apparu à cause de l'impression des numéros de ligne.

```
      case '\t':
            do
            {
                emettre (' ');
                colno++;
            }
            while (colno % 8);
            break;
      default:
            emettre ( c );
            colno++;
    }

if ( spflag ) sautpage ();
```

```
      return spflag;
}

emettre (c)
char c;
{
      bdos (5,c);
}

sautpage ()
{
      if (SP)
              emettre (SP);
          else
              while (lignlibr--)
                    emettre ('\n');
      lignlibr = LONGPAGE;
}

efface ()
{
      puts ("\33[H\33[2J");
}

impnbr (n)
int n;
{
```

La fonction d'impression **emettre** ne peut pas émettre un entier, ni d'ailleurs aucun nombre. C'est d'un caractère qu'elle a besoin. Il faut donc convertir le numéro de ligne entier en caractères, ce qui est plus compliqué qu'on ne le pense d'abord.

L'entier **n** est passé à la fonction **impnbr** et déclaré de type entier. Il n'a pas besoin d'être placé dans une lvaleur, car il va être utilisé comme tel et sa valeur en mémoire ne va pas changer.

```
int i , j;
char s [6];

i = 0;
do
```

Deux compteurs entiers i et j et un tableau de caractères **s** de 6 valeurs sont déclarés. Le tableau peut loger tous les caractères pouvant cons-

tituer un entier, plus un pour la marque de fin de tableau.
Le tableau s est ensuite incrémenté à chaque itération.

```
{
    s [i++] = n % 10 + 'O';
    j = i;
}
```

Chaque caractère du tableau est rempli par le reste de la division
du nombre par 10, auquel on ajoute 48 décimal (code ASCII du 0).
Le compteur j prend la valeur de i. La ligne suivante du programme
est une ligne clé de la fonction :

```
while ( ( n / = 10) > O);
```

L'expression n / = 10 signifie n = n/10. Le testeur de boucle divise
le nombre par 10 (et le résultat reste acquis), diminuant ainsi le nombre de chiffres de n de 1 (850/10 = 85). Si le résultat est plus grand
que zéro, le nouveau n, égal à 1/10 de son ancienne valeur, est renvoyé à l'opérateur de modulo s[i+ +] = n%10 + '0';. Les caractères stockés dans le tableau s sont à l'envers, mais ils sont là quand
même. La ligne suivante place le caractère de fin de chaîne \0 à la
fin de s.

On possède maintenant une chaîne à l'envers. Pour la communiquer dans le bon ordre à l'imprimante, il suffit de la lire à l'envers.
On utilise pour cela le compteur de boucle j. La nouvelle boucle for
est réglée de façon que son indice i commence à la valeur maximale
du dernier indice de la chaîne. Ainsi initialisé, i est testé par rapport
à 0 qui représente le dernier (ou premier...) élément du tableau. Il
est ensuite décrémenté à chaque itération.

```
for (i = j ; i > -1 ; i--)
    emettre (s [i]);
}
```

Il résulte que le tableau de caractères s est émis à l'envers. Revenons
sur ces points en prenant un exemple et en le suivant à travers chaque étape :

• Entrer l'entier 324.

- La division modulo 10 donne le reste. 324/10 = 32 avec un reste de 4. On stocke donc le caractère '4'.
- On passe à la division par 10. Si on omet le reste, 324/10 = 32. Dans cette opération, le nombre à trois chiffres 324 est changé définitivement dans le nombre à deux chiffres 32.
- On traite maintenant le nombre 32. Le reste de la division modulo 10 est 2 (32/10 = 3 avec un reste de 2). La chaîne est maintenant '42'.
- La division simple par 10, 32/10 = 3 si on néglige le reste. C'est 3 que l'on va traiter maintenant.
- Le reste de la division modulo 10 est 3, stocké comme caractère '3'. La chaîne devient 423, l'inversion exacte du nombre de départ.
- La division de 3 par 10 n'est pas supérieure à 0 (si on exclut le reste). Le test pour rester dans la boucle exige que le résultat de cette division soit plus grand que 0. Comme il ne l'est pas, on sort de la boucle. La chaîne '423' est imprimée à l'envers en 324, qui est bien l'entrée de départ.

La numérotation possède encore une petite faiblesse. Le texte sera décalé vers la droite au fur et à mesure des puissances de 10, avec l'allongement des numéros de ligne. Le listing peut alors dériver vers la droite de façon déplaisante. Il nous faut un format stable utilisant toujours le même nombre de caractères, environ 5 ou 6, pour le numéro de ligne. La fonction **impnbr** de la Figure 6.7 est prévue pour cela.

Cette fonction crée un tableau de cinq caractères qu'elle initialise avec cinq zéros placés dans les cases 0 à 4. La boucle **do-while** est la même que celle de la version précédente qui utilise une combinaison de divisions modulo et de simples divisions par 10.

En sortie de boucle, le caractère de terminaison \0 est ajouté en fin de chaîne. La dernière boucle **for** édite la ligne à l'envers. Il en résulte des nombres tels que :

```
0099:
0100:
0101:
```

Figure 6.7 : Fonction de conversion d'entiers en chaînes de 5 caractères justifiées à gauche par des zéros.

```
/*
    Fonction de conversion d'entiers en chaines de 5 caracteres
    justifiees a gauche par des zeros                        ⟶
```

```
*/
.
.
.

impnbr (n)
int n;
{
    int i;
    char s [6];

    i = 0;
    strcpy (s,"00000");

    do
        s [i++] = n % 10 + '0';
    while ((n /= 10) > 0);

    s [i] = '\0';

    for (i=5 ; i > -1 ; i--)
        emettre (s[i]);

}
```

La fonction **impnbr** de la Figure 6.7 remplace la fonction équivalente du programme de la Figure 6.6. L'utilitaire obtenu se révélera
très pratique pour la mise au point des programmes à venir.

L'aspect important à retenir en ce qui concerne les fichiers bufferisés est la bonne volonté dont témoigne C pour l'accomplissement
de toutes les basses besognes. Il gère en effet les buffers, les vide et
les remplit de façon transparente à l'utilisateur, en fonction des besoins
du système. La seule tâche du programmeur consiste à se souvenir
du nom affecté au buffer. Bien qu'ils ne leur soient pas équivalents,
les fichiers bufferisés ressemblent beaucoup aux fichiers séquentiels ;
ils ne peuvent pas, sauf dans les versions les plus évoluées, être ral-
longés et ils ne permettent jamais les mises à jour en accès direct.

Si l'accès direct est nécessaire et si la vitesse de transfert avec le
disque est un paramètre important, un fichier non bufferisé devra être
utilisé. Le prix à payer en échange de ces améliorations sera la nécessité d'assurer une plus grande part des tâches de gestion des E/S. Le
chapitre suivant traite précisément des fichiers non bufferisés.

7. FICHIERS NON BUFFERISÉS :

ENTRÉES-SORTIES ALÉATOIRES

Les entrées-sorties sur fichiers non bufferisés sont ce qui se rapproche le plus en C des fichiers aléatoires. On parle indifféremment de fichiers bruts ou non bufferisés. On utilise le terme *brut* car les opérations sur ce type de fichier ne sont qu'à peine plus évoluées que les primitives système pour les fichiers [1]. Les données en provenance ou à destination des fichiers bruts se trouvent dans des blocs de la taille des enregistrements logiques du système. Sous UNIX ou MS-DOS, les enregistrements ont une taille de 512 octets ; sous CP/M, ils en comptent 128. Les fonctions de fichiers bruts ne bufferisent pas les données. C'est au programmeur d'assurer, si nécessaire, une éventuelle bufferisation.

LES FONCTIONS OPEN ET CREAT

Dans tous les langages, les fichiers ont besoin d'une référence ou d'un descripteur. En BASIC, un fichier reçoit un numéro ; en Pascal, COBOL ou PL/1, des noms internes leur sont assignés. Il en va de même en C. La différence essentielle entre ce descripteur et celui des autres langages est qu'en C, sa valeur n'est pas connue à l'extérieur du programme. Le descripteur est affecté au moment de l'ouverture du fichier et est ensuite utilisé pour toute référence à ce fichier. Dans les deux fonctions suivantes, on documente le descripteur de fichier (**fd**).

```
fd = open (nomfich, mode);
fd = creat (nomfich, mode);
```

La fonction **open** ouvre un fichier en E/S. En C comme dans d'autres langages, les E/S se jugent par rapport au programme. En d'autres termes, les entrées arrivent du fichier vers le programme et les sorties partent du programme en direction du fichier. En mode entrée, le fichier est lu. En mode sortie, il est écrit. Il peut également être ouvert en lecture/écriture. Le nom du fichier (ici **nomfich**) est écrit dans la syntaxe propre au système comme par exemple :

A:MONPGM.TXT

sous MS-DOS ou CP/M. Le nom de fichier, qui doit être une lvaleur, peut être passé au programme par la ligne de commande, comme en ce qui concerne les fichiers bufferisés.

La fonction **creat** opère de manière assez semblable. Elle ouvre un fichier, soit en le créant à partir de rien, soit en écrasant un fichier de même nom qui existerait déjà. Le fichier est implicitement ouvert en mode écriture. Les deux fonctions retournent le descripteur de fichier, qui est un entier. Si une erreur se produit lors de l'exécution, le code −1 est retourné. Dans la version 3 du compilateur Microsoft, la fonction **open** peut également être utilisée, dans une syntaxe particulière, pour créer un fichier.

Le renvoi d'un code d'erreur fiable est une aide réelle pour le programmeur, comme dans l'exemple suivant :

```
#include "stdio.h"
#define ERREUR −1
    .
    .
    .
if (creat ("b:mole.T") == ERREUR)

    printf ("b:mole.T ne peut pas être ouvert n");
    exit ();
```

Ce type de traitement d'erreur permet au programme d'émettre son propre diagnostic sur un problème avant de rendre la main au système d'exploitation. C ne possède pas d'utilitaire de traitement d'erreurs comme le traitement d'exceptions de PL/1 ou le ON ERROR GOTO du BASIC. Cependant, la plupart des fonctions C retournent un code d'erreur qui peut servir soit à sortir du programme, soit à prendre une décision.

Le fragment de programme suivant réceptionne un nom de programme valide puis quitte la boucle :

```
#include "stdio.h"
#define VRAI 1
#define ERREUR −1
```

```
        .
        .
        .
while (VRAI)

    printf ("Entrez le nom du fichier : ");
    gets (nom);
    if (creat (nom) == ERREUR)
            continue;
        else
            break;
```

Si un nom incorrect de fichier est entré, un nouveau nom est rede-
mandé. L'ordre **continue** permet de traiter ce cas sans avoir recours
à un **goto**.

LES FONCTIONS READ ET WRITE

Ces fonctions servent respectivement à lire et à écrire dans un fichier
brut. Ces opérations provoquent des mouvements immédiats sur le
disque. C'est là une des différences importantes entre les fichiers bruts
et les fichiers bufferisés. Les fichiers bufferisés accumulent l'information qu'ils traitent dans un buffer qui est rempli ou vidé en fonction
des demandes du système. Les fichiers bruts sont plus primitifs : une
action est immédiatement engagée, dès que le programme spécifie
une opération de lecture ou d'écriture sur disque.

La fonction **write** utilise le descripteur de fichier, le nombre d'octets à écrire et un buffer (lvaleur) comme arguments [2] :

```
write (df, buffer, octets);
```

Elle renvoie un entier correspondant au nombre d'octets effectivement écrits ou un code d'erreur pouvant varier selon les compilateurs (souvent −1 pour une erreur et 0 pour l'atteinte de la marque
de fin de fichier). Le premier programme de ce chapitre comporte
l'ordre suivant :

```
while (nbr−lu = read (dfe, buffer, BUFSECTS))
```

Cet ordre tire parti du fait que la fonction **read** ne retourne pas un
0 ou un 1 tant que la fin du fichier n'a pas été atteinte ou qu'une

erreur n'a pas eu lieu. L'ordre accomplit son propre test de sortie, au moment où s'exécute l'ordre **read**, à l'intérieur de la boucle **while**. La syntaxe de la fonction **read** est tout à fait semblable à celle de la fonction **write** :

```
read (df, buffer, octets);
```

Elle va lire dans le buffer le nombre d'octets spécifiés dans le fichier indiqué par le descripteur. Comme la fonction **write**, **read** retourne le nombre d'octets lus ou un 0 lorsque l'indicateur de fin de fichier a été rencontré, ou encore la valeur −1 en cas d'erreur.

RÉALISATION DE FICHIERS D'E/S À ACCÈS ALÉATOIRE

L'intérêt des fichiers bruts est de permettre les lectures et écritures aléatoires. Les fichiers bufferisés ou séquentiels, quel que soit leur nom, posent au contraire le problème majeur suivant : on ne peut pas accéder aléatoirement aux enregistrements, ni par conséquent les rallonger ou les mettre à jour. Les fichiers bruts possèdent des fonctions destinées à l'accomplissement de ces tâches.

LES FONCTIONS LSEEK ET TELL

Les fonctions **lseek** et **tell** servent de véhicules aux lectures et aux écritures aléatoires. La fonction **tell** indique au programme la position courante du pointeur du fichier, alors que la fonction **lseek** amène ce pointeur à la position que lui indique le programme. La syntaxe de la fonction **lseek** est la suivante :

```
lseek (df, decalage, code);
```

Le descripteur de fichier **df** permet de savoir sur quel fichier la fonction doit opérer. L'argument **decalage** indique au système de combien d'octets doit être décalé le pointeur, à partir de la référence établie par le code. Un code égal à 0 place l'origine au début du fichier et un code égal à 2 la place à la fin. La valeur 1 correspond à un décalage compté à partir de la position courante du pointeur. La fonction **lseek** retourne le nombre d'octets séparant la nouvelle position du pointeur du début du fichier ou la valeur −1 en cas d'erreur (déplacement hors limites). On ne doit jamais utiliser la fonction **lseek** sur un fichier bufferisé.

La fonction **tell** s'emploie dans la syntaxe suivante :

```
tell (df);
```

Elle retourne, sous forme d'entier (nombre d'octets), la position courante du pointeur associé au descripteur **df**.

PROGRAMME DE TRANSFERT DE FICHIER DE DISQUE À DISQUE

Essayons de mettre en œuvre les premières fonctions étudiées avant d'en découvrir de nouvelles. Le programme de la Figure 7.1 est un utilitaire de copie de fichier de disque à disque. Il met en œuvre les fonctions **read** et **write**. Ce programme constitue une application essentielle des fichiers bruts, à savoir leur utilisation pour des transferts rapides d'un grand nombre de données.

Figure 7.1 : Programme de copie de fichier de disque à disque.

```
/* Programme de copie disque-a-disque de fichier */

#include "stdio.h"
#define ERREUR -1
#define BUFSECTS 64

int dfe,dfs;            /* descripteurs fichiers entree et sortie */
char buffer [BUFSECTS * 128];

main (argc,argv)
int argc;
char **argv;
{
    int nbr_lu;

    efface ();
    puts ("\n\n\t Utilitaire de Copie de Fichier\n\n");
    if (argc != 3)
        {
            puts ("\tLes noms des fichiers source et destination");
            puts ("\tdoivent etre inclus dans la ligne de commande...");
            exit ();
        }
    if ( (dfe = open (argv [1],0)) == ERREUR)
        {
            printf ("\t %s ne peut pas etre ouvert...",argv [1]);
            exit ();
        }
    if ( (dfs = creat (argv [2])) == ERREUR)
        {
            printf ("\t %s ne peut pas etre ouvert...",argv [2]);
            exit ();
```

→

```
          )
     while (nbr_lu = read (dfe, buffer, BUFSECTS) )
          {
               if (nbr_lu == ERREUR)
                    {
                         puts ("\tErreur de lecture pendant la copie");
                         exit ();
                    }

               if (write (dfs, buffer, nbr_lu) != nbr_lu)
                    {
                         puts ("\tErreur d'ecriture pendant la copie");
                         exit ();
                    }
          }
     close (dfe);
     if (close (dfs) == ERREUR)
          {
               puts ("\tErreur disque a la fermeture");
               exit ();
          }
     puts ("\tCopie terminee");
}

efface ()
{
     puts ("\33[H\33[2J");
}
```

Commençons à disséquer le code. Le passage des noms de fichiers par arguments est accompli par **argv** et **argc**, saisis dans la ligne de commande lors de l'appel du programme. La ligne de commande aura donc l'allure suivante, dans l'hypothèse où le programme de copie s'appelle **cop** :

```
cop origin.xxx destin.xxx
```

Une constante définie en début de programme, **BUFSECTS**, sert à établir une zone de buffer de 64 secteurs (64 secteurs × 128 octets = 8 K).

```
#include "stdio.h"
#define ERREUR -1
#define BUFSECTS 64

int dfe,dfs;                    /* descripteurs fichiers entree et sortie */
char buffer [BUFSECTS * 128];

main (argc,argv)
int argc;
char **argv;
{
```

Le code source de C n'est pas très avide de mémoire. Un programme de cette taille occupe d'autre part, une fois compilé (code objet), environ 5 K. Dans un environnement de 64 K, 8 K sont requis par le système, 5 par le programme, ce qui laisse environ 50 K de libre pour les besoins de stockage comme l'utilisation de buffers. Les

8 K réquisitionnés représentent donc un espace peu important et **BUFSECTS** pourrait facilement être fixé à 380 si l'on voulait transférer de très gros fichiers sans trop solliciter les lecteurs de disques.

Après avoir vérifié que la ligne de commande comportait bien trois noms de fichiers, **argv** [1], le deuxième nom de fichier (puisque C commence toujours la numérotation à partir de 0), est utilisé dans l'ordre **open**.

```
int nbr_lu;

efface ();
puts ("\n\n\t Utilitaire de Copie de Fichier\n\n");
if (argc != 3)
    {
        puts ("\tLes noms des fichiers source et destination");
        puts ("\tdoivent etre inclus dans la ligne de commande...");
        exit ();
    }

if ( (dfe = open (argv [1],0)) == ERREUR)
    {
        printf ("\t %s ne peut pas etre ouvert...",argv [1]);
        exit ();
    }
```

Le descripteur de fichier **dfe** est assigné par **open** (). La fonction **open** utilise le mode 0 pour ouvrir un fichier en lecture. Si pour une raison ou pour une autre le fichier ne peut pas être ouvert, la fonction retourne la valeur -1 qui correspond à la constante **ERREUR**. Le programme affiche à l'écran qu'un problème a été décelé, puis il rend la main au système.

La création du nouveau fichier spécifié dans la ligne de commande est accomplie par **creat**.

```
if ( (dfs = creat (argv [2])) == ERREUR)
    {
        printf ("\t %s ne peut pas etre ouvert...",argv [2]);
        exit ();
    }
```

creat assigne sa valeur au second descripteur de fichier, **dfs**. Là encore, si la fonction échoue, le programme émet un message avant de rendre la main au système.

La partie suivante constitue le cœur du programme :

```
while (nbr_lu = read (dfe, buffer, BUFSECTS) )
    {
        if (nbr_lu == ERREUR)
            {
                puts ("\tErreur de lecture pendant la copie");
                exit ();
            }
```

Dans la plus pure tradition de C, l'ordre **while** accomplit une demi-douzaine de tâches. La fonction **read** est imbriquée au plus profond de la boucle **while**. Elle lit en une passe le fichier entier (s'il ne dépasse pas la taille de la zone de stockage en *heap*) et place son contenu en mémoire dans un buffer (portant le nom **buffer**). La variable **nbr_lu** réceptionne la valeur retournée par **read ()** jusqu'à rencontrer la marque de fin de fichier ou un code d'erreur (− 1). La boucle **while** est agencée autour de l'ordre **read**, qu'elle active à chaque itération jusqu'à ce que la fin du fichier lu soit atteinte. En cas d'erreur, la main est rendue au système.

```
if (write (dfs, buffer, nbr_lu) != nbr_lu)
    {
        puts ("\tErreur d'ecriture pendant la copie");
        exit ();
    }
}
```

L'ordre **if** englobe la fonction **write**. Le **if** se trouve lui-même au sein de la boucle **while**. La combinaison des ordres **while** et **if** permet de vérifier que le nombre d'octets lus est bien égal au nombre d'octets écrits. Si une valeur différente est retournée par la fonction **write**, la main est rendue au système. Dans le cas contraire, le contenu intégral du fichier copié est écrit dans le fichier de sortie, marque de fin de fichier comprise.

LA FONCTION CLOSE

La dernière chose à faire est de fermer les fichiers.

```
close (dfe);
if (close (dfs) == ERREUR)
    {
        puts ("\tErreur disque a la fermeture");
        exit ();
    }
puts ("\tCopie terminee");
}
```

On ne teste pas si le fichier lu est bien fermé car ni son contenu ni son répertoire n'ont été modifiés. Il est cependant conseillé de toujours fermer les fichiers car on rend alors sa liberté au descripteur de fichier qui peut ensuite servir ailleurs. Pour les fichiers de sortie, les choses sont différentes. Les E/S sur fichiers bruts ne requièrent pas de nettoyage de buffer (il n'y en a pas) mais l'appel final au système (BDOS 62 sous MS-DOS, 16 sous CP/M) est impératif pour fermer le fichier dans le répertoire.

Les fichiers ouverts en écriture ou mis à jour doivent être fermés afin que leur répertoire disque soit correctement écrit. Les répertoires indiquent au système l'emplacement sur le disque des différents fichiers et, dans le cas de fichiers sortie, le répertoire n'est pas écrit si le fichier n'est pas clos. Si cela se produit, le fichier peut être considéré comme perdu car, sans répertoire, le système est incapable de retrouver ce qui a pu être écrit.

C a été développé pour travailler en complémentarité avec UNIX. Ce système d'exploitation est presque totalement dépourvu de messages d'erreur. Cela tient au fait que, durant les réorientations d'E/S effectuées par les fichiers UNIX dits *pipes*, les messages ne seraient guère utiles car c'est le système et non le programme qui pilote. UNIX n'a donc pas la réputation d'être un système très convivial... (Nous en dirons plus sur UNIX et les *pipes* au Chapitre 15.)

UNE MINI LISTE D'ADRESSES AVEC E/S SUR FICHIER BRUT

Les E/S sur fichiers bruts ne sont pas forcément le meilleur moyen de faire transiter les données entre la console et le disque. Oublions cependant toute règle de prudence à des fins d'exercice. Nous allons écrire un programme de saisie d'un répertoire d'adresses que nous stockerons sur disque.

La première chose à faire lors de la création d'un programme est de le précoder. Le précode est un compromis entre le langage parlé et le langage de programmation. Il est utilisé pour planifier et prédéfinir le code et les algorithmes. Au tout début, on commence par définir l'objet du programme.

1. Ouvrir un fichier en sortie.
2. Saisir les données à la console.
3. Écrire les données dans le fichier.

Passons maintenant au pseudo-code.

Pseudo-code du programme de saisie d'un répertoire d'adresses écrit sur un fichier brut.

*/

Déclarer un buffer de 16 K.

Déclarer la taille d'un enregistrement.

Définir l'indication de mode écriture dans fichier (S – IWRITE).

Initialiser à 0 le compteur du nombre d'enregistrements.

Placer le pointeur du buffer au début de celui-ci.

Effacer l'écran.

Remplir le buffer de 0.

Écrire le titre.

Si nombre d'arguments de la ligne de commande != 2
    Écrire un message d'erreur
    Sortir.

Créer le fichier sortie en mode écriture.

Si erreur d'ouverture
    Écrire un message d'erreur
    Sortir.

Afficher à l'écran ("Tapez 9 pour sortir").

Tant que le premier caractère tapé n'est pas 9
    Saisie formatée (nom, adresse, téléphone)
    Stocker la saisie à partir de **bufptr**
    Incrémenter **bufptr** de 512 octets
    Incrémenter de 1 le nombre d'enregistrements.

Si nombre d'octets écrits != nombre d'octets lus
    Écrire un message d'erreur
    Sortir.

Écrire le contenu du buffer sur le disque.

Fermer le fichier.

Si erreur de fermeture
    Écrire un message d'erreur.

Afficher un message de fin d'exécution.

Figure 7.2 : Création d'un répertoire d'adresses écrit sur un fichier brut.

```
/*
          Programme de saisie-console d' un repertoire d'adresses
          avec bufferisation de la saisie avant ecriture dans un
          fichier brut a secteurs de 512 octets.
*/

#include "stdio.h"
#define S_IWRITE 0000200
#define BUFSECTS 32
#define TAILSECT 512
#define ERREUR -1

int fd;
char bufsai [BUFSECTS * TAILSECT];

main (argc,argv)
int argc;
char **argv;
{
    int n_enrgmt, lg, c , n;
    char nom [50], adr [254], tel [12];
    char *bufptr;
    char *ptrnom , *ptradr , *ptrtel;

    n_enrgmt = 0;
    bufptr = &bufsai[0];
    memset (bufptr, '\0', BUFSECTS * TAILSECT);
    efface ();
    puts ("\n\tProgramme de Repertoire d' Adresses\n");
    if (argc != 2)
        {
            puts ("\t Le nom du fichier destination doit etre inclus");
            puts ("\t dans la ligne de commande ... ");
            exit ();
        }

    if ( (fd = creat (argv [1], S_IWRITE)) == ERREUR)
        {
            printf ("\t%s ne peut pas etre ouvert...", argv [1]);
            exit ();
        }

    for ( ; ; )
        {
            puts ("\t Taper 9 pour sortir ...");
            puts ("\n\t ou une autre touche pour continuer");
            c = getch ();
            if (c == '9')
                break;
            puts ("\n\n");
            printf ("\t Entrez le nom : ");
            ptrnom = gets(nom);
            printf ("\n\n\t Entrez l'adresse : ");
            ptradr = gets(adr);
            printf ("\n\n\t Entrez le numero de telephone : ");
            ptrtel = gets(tel);
            n = sprintf (bufptr,"%-50s%-254s%-12s",ptrnom,ptradr,ptrtel);
            bufptr += 512;
            n_enrgmt++;
            puts ("\n\n\n");
        }

    n = sprintf (bufptr,"%c",0x1A);  /* marque de fin de fichier */
    n_enrgmt++;
    lg = (n_enrgmt * 512);
    if (write (fd, bufsai, lg) != lg)
        {
            puts ("\t Probleme d'ecriture sur disque");
            exit ();
        }

    if (close (fd) == ERREUR)
        {
            puts ("\t Probleme a la fermeture du fichier");
            exit ();
        }
```

```
    puts ("\t Execution terminee");
}

efface ()
{
    puts ("\33[H\33[2J");
}
```

Le descripteur de fichier (**fd**) et le buffer (**fubsai**) sont déclarés externes, sans autre but que de montrer que cela est possible.

```
#include "stdio.h"
#define S_IWRITE 0000200
#define BUFSECTS 32
#define TAILSECT 512
#define ERREUR -1

int fd;
char bufsai [BUFSECTS * TAILSECT];
```

Il est toujours souhaitable de déclarer le buffer et le descripteur de fichier de façon externe. Si l'on rajoute plus tard quelques fonctions supplémentaires, on s'économisera ainsi pas mal de passages de pointeurs. On déclare ensuite un très gros buffer (16 K) car c'est au programmeur de créer son propre *heap* pour le stockage des données. Le *heap* [3] ou *amas* est une aire de stockage dynamique qui est, en essence, une seconde pile. La stratégie consiste à stocker toutes les entrées du programme dans un buffer avant de tout transférer en une seule fois sur le disque.

L'argument de la ligne de commande est utilisé pour indiquer au programme sur quel fichier il doit opérer.

```
main (argc,argv)
int argc;
char **argv;
{
    int n_enrgmt, lg, c , n;
    char nom [50], adr [254], tel [12];
    char *bufptr;
    char *ptrnom , *ptradr , *ptrtel;
```

Le compteur d'argument **argc** et le pointeur de la liste de vecteurs arguments (****argv**) doivent être déclarés entre **main (argc,argv)** et la première accolade du bloc de programme principal, car ce sont des paramètres qui proviennent de la ligne de commande. Trois buffers de chaînes sont également déclarés pour les rubriques nom, adresse et numéro de téléphone. Ces trois buffers sont suffisamment grands pour pouvoir contenir les entrées, sans que leur somme dépasse toutefois la taille d'un enregistrement (512 octets). Un pointeur *bufptr est également déclaré sur le buffer (ou *heap*).

```
n_enrgmt = 0;
bufptr = &bufsai[0];
memset (bufptr, '\0', BUFSECTS * TAILSECT);
```

Les opérations à réaliser pourraient être effectuées à l'aide d'indices, mais l'utilisation de pointeurs illustre mieux les mécanismes d'adressage du tas. La fonction **memset** (appelée **setmem** sur les versions du compilateur C de Microsoft antérieures à la version 3) sert à remplir d'un caractère donné (ici un blanc) la zone mémoire réservée au buffer. Cette précaution permet de s'assurer qu'aucun résidu indésirable ne se trouvera dans le buffer au moment de sa lecture (les activités précédentes de l'ordinateur pourraient en effet y avoir laissé des traces). La fonction opère en plaçant autant de caractères en mémoire que le précise le dernier paramètre de **memset**, en l'occurrence **BUFSECTS * TAILSECT**. Le caractère de remplissage est le second paramètre de la fonction, 'O'. Le remplissage commence à l'adresse pointée par le premier paramètre, **bufptr**.

La partie suivante du programme teste simplement la validité des paramètres de la ligne de commande et demande éventuellement à l'opérateur de la modifier.

On doit disposer d'un moyen rapide de sortir de la phase de saisie du programme. Une fois dans la boucle principale, qui est une boucle sans fin, on indique à l'opérateur qu'il doit frapper le chiffre 9 pour en sortir.

```
for ( ; ; )
    {
    puts ("\t Taper 9 pour sortir ...");
    puts ("\n\t ou une autre touche pour continuer");
    c = getch ();
    if (c == 9')
        break;
```

N'importe quel autre caractère aurait naturellement pu être utilisé à la place du 9. L'ordre **if** teste le caractère saisi. S'il s'agit d'un 9, on sort de la boucle ; sinon, celle-ci est relancée. Les buffers **nom,adr,** et **tel** sont ensuite utilisés pour stocker les données correspondantes saisies au clavier.

```
printf ("\t Entrez le nom : ");
ptrnom = gets(nom);
printf ("\n\n\t Entrez l'adresse : ");
ptradr = gets(adr);
printf ("\n\n\t Entrez le numero de telephone : ");
ptrtel = gets(tel);
```

A partir de là, les choses se compliquent un peu. Le buffer est formaté en enregistrements de 512 octets.

```
n = sprintf (bufptr,"%-50s%-254s%-12s",ptrnom,ptradr,ptrtel);
bufptr += 512;
n_enrgmt++;
puts ("\n\n\n");
}
```

La fonction **sprintf** permet le stockage formaté de chaînes en mémoire. Le programme enregistre le nom sur 50 caractères justifiés à gauche, suivi de l'adresse sur 254 caractères et du numéro de téléphone sur 12 caractères, tous deux également justifiés à gauche. C'est le caractère '−' de la chaîne de format qui indique l'option de justification à gauche. La fonction **sprintf** place les données saisies dans le buffer, à l'adresse pointée par **bufptr**.

Le pointeur **bufptr** est incrémenté de 512 octets après chaque enregistrement. Le nombre d'enregistrements saisis, n − enrgmt, est quant à lui augmenté d'une unité à chaque itération.

Les champs de fichier, rigoureusement formatés, sont écrits sur le disque dans l'état où ils se trouvent dans le buffer. Si le fichier était ouvert dans un mode permettant la lecture, on pourrait les relire à l'aide d'un ordre **read** reprenant le format des champs d'enregistrement. Après que l'on a quitté la boucle principale, un ultime enregistrement est écrit pour apposer la marque de fin de fichier MS-DOS (Ctrl-Z). Le nombre d'enregistrements est incrémenté une dernière fois et la longueur **lg** du buffer à transférer est calculée.

```
n = sprintf (bufptr,"%c",0x1A);  /* marque de fin de fichier */
n_enrgmt++;
lg = (n_enrgmt * 512);
```

Le contenu du buffer est ensuite écrit sur le disque en une seule opération.

```
if (write (fd, bufsai, lg) != lg)
    {
        puts ("\t Probleme d'ecriture sur disque");
        exit ();
    }
```

Lors de l'exécution du programme, le lecteur de disque n'est utilisé que trois fois : une fois pour charger le programme, une fois pour
ouvrir le fichier et une troisième fois pour y transférer les données
et fermer le fichier. Chaque enregistrement commence au début d'un
bloc de 512 caractères, les champs correspondant aux rubriques nom,
adresse et numéro de téléphone s'étendant respectivement sur 50,
254 et 12 octets. Rien d'autre ne sera placé dans le fichier, sinon les
blancs générés par la fonction **memset**.

LECTURE DE FICHIERS BRUTS

Le programme de la Figure 7.3 est destiné à relire les données écrites
dans un fichier brut au moyen du programme de la Figure 7.2.
La démarche consiste à renvoyer en mémoire le contenu du fichier
puis à le relire sous le format même dans lequel il avait été bufferisé
avant de l'afficher sous forme intelligible.

Figure 7.3 : Lecture des données écrites dans un fichier brut.

```
/*
                    Programme de lecture des fichiers bruts
                    crees par le programme de la figure 7.2
*/

#include "stdio.h"
#define BUFSECTS 32
#define TAILSECT 512
#define ERREUR -1

int fd;
char buffer [BUFSECTS * TAILSECT];

main (argc,argv)
int argc;
char **argv;
{
    int nbr_lu , i , j , k , n, v;
    char *bufptr;

    n = k = 0;
    bufptr = &buffer[0];
    memset (bufptr, '\0', BUFSECTS * TAILSECT);
    efface ();
    puts ("\n\t Lecture du fichier de repertoire d'adresses");
    if (argc != 2)
        {
            puts ("\n\t Le nom du fichier source doit etre inclus");
```

```
            puts ("\t dans la ligne de commande ");
            exit ();
        }

    if ( (fd = open (argv [1],0)) == ERREUR)
        {
            printf ("\t%s ne peut pas etre ouvert ...");
            exit ();
        }

    while (nbr_lu = read (fd, buffer, BUFSECTS * TAILSECT))
        {
            n = (n > nbr_lu) ? n : nbr_lu;
            if (nbr_lu == ERREUR)
                {
                    puts ("\tErreur en cours de lecture du fichier...");
                    exit();
                }
        }

    v=n%512;
    n=(n-v)/512;

    for (i = 0 ; i <= (n-1) ; i++)
        {
            for (j=k ; j < (k+511) ; j++)
                {
                    putch (buffer [j]);
                }
            k += 512;
            puts ("\n\n\n");
        }

    close (fd);
    puts ("\t Operation terminee");
}

efface ()
{
    puts ("\33[H\33[2J");
}
```

Mis à part quelques variables entières devant servir d'indices, les vingt premières lignes sont peu différentes de celles du programme précédent. Les nouveautés apparaissent à partir des lignes suivantes :

```
while (nbr_lu = read (fd, buffer, BUFSECTS * TAILSECT))
    {
        n = (n > nbr_lu) ? n : nbr_lu;
        if (nbr_lu == ERREUR)
            {
                puts ("\tErreur en cours de lecture du fichier...");
                exit();
            }
    }
```

La boucle **while** s'exécute jusqu'à ce que la totalité du fichier soit chargée en mémoire. La sortie de la boucle est commandée par la lecture de l'indicateur de fin de fichier. On se trouve alors devant un problème de logique. Le nombre d'octets lus, **nbr – lu**, doit être stocké. Or, sa valeur est mise à zéro lorsque l'indicateur **EOF** est atteint. C'est la raison pour laquelle l'opérateur ternaire **?** est invoqué. L'ordre d'affectation de l'opérateur ternaire se traduit de la manière suivante :

si la condition écrite entre parenthèses est vérifiée, c'est que la variable n (nombre de lignes réellement lues) est supérieure à nbr – lu. Dans ces conditions, la variable n prend la valeur n. Si n n'est pas supérieur à nbr – lu, la valeur de nbr – lu lui est affectée. L'équivalent BASIC de cette instruction serait :

```
if n > nbr – lu then n = n else n = nbr – lu
```

Le nombre d'enregistrements effectivement lus est ensuite calculé et sa valeur est donnée à la variable n. Une variable transitoire v est utilisée à cet effet.

```
v=n%512;
n=(n-v)/512;
```

La dernière partie du programme permet de générer les sorties.

```
for (i = 0 ; i <= (n-1) ; i++)
    {
        for (j=k ; j < (k+511) ; j++)
        {
                    putch (buffer [j]);
        }
        k += 512;
        puts ("\n\n\n");
    }

close (fd);
puts ("\t Operation terminee");
}
```

Les sorties sont gérées par une paire de boucles imbriquées. La boucle externe compte les enregistrements pendant que la boucle interne émet un à un les caractères. La boucle externe incrémente le compteur de la boucle interne de 511 octets à la fois. La variable k sert à replacer le texte dans la boucle interne après chaque passage dans la boucle externe.

La boucle interne progresse de k à k + 511. Le compteur de boucle j s'auto-incrémente pendant que ses limites sont testées au moyen de l'expression j < = k + 511. Chaque enregistrement est ainsi émis octet par octet, et deux lignes blanches sont affichées à sa suite. L'opération se répète jusqu'à épuisement du buffer. La valeur **n** générée par l'opérateur ternaire (et convertie ensuite en nombre d'enregistrements) fixe la limite de l'incrémentation de la boucle externe.

L'exécution du programme se termine par l'affichage d'un message à l'écran, après que le fichier a été fermé.

ENTRÉES/SORTIES SUR FICHIERS ALÉATOIRES

Nous venons de voir les fonctions **read** et **write**, propres aux fichiers bruts. Les programmes de démonstration ne réalisaient cependant pas d'accès aléatoires dans les fichiers créés ou lus. Les programmes des Figures 7.4 et 7.5 vont permettre à ces deux fonctions de donner leur pleine mesure et de réaliser de véritables lectures et écritures aléatoires.

ÉCRITURE ALÉATOIRE

Figure 7.4 : Programme de mise à jour du répertoire d'adresses par accès aléatoire dans le fichier.

```
/*
        Programme de Mise a Jour de Repertoire d'Adresses
        par Ecriture Directe, grace a la Fonction lseek
*/

#include "stdio.h"
#include "fcntl.h"
#define TAILSECT 512
#define ERREUR -1

int fd;
char buffer [TAILSECT];

main (argc,argv)
int argc;
char **argv;
{
    int c, n, num;
    long lseek(), m;

    char nom [50] , adr [254] , tel [12];
    char *bufptr;
    char *ptrnom, *ptradr, *ptrtel;

    bufptr = &buffer[0];
    memset (bufptr, '\0', TAILSECT);
    efface ();
    puts ("\n\t Programme de Repertoire d' Adresses\n");
    if (argc != 2)
        {
            puts ("\t Le nom du fichier destination doit etre inclus");
            puts ("\t dans la ligne de commande ... ");
            exit ();
        }
```

```
if ( (fd = open (argv [1], O_WRONLY)) == ERREUR)
    {
        printf ("\t%s ne peut pas etre ouvert...", argv [1]);
        exit ();
    }

for ( ; ; )
    {
        pucs ("\t Taper 9 pour sortir ...");
        puts ("\n\t ou une autre touche pour continuer");
        c = getch ();
        if (c == '9')
            break;
        puts ("\n\n");
        puts ("Entrez le numero d'enregistrement a ecrire");
        scanf ("%d",&m);
        m -= 1;
        m *= 512;
        if (lseek(fd,m,0) == ERREUR)
            {
                printf ("%d hors limite\n",m/512);
                continue;
            }
        gets (num);
        printf ("\t Entrez le nom : ");
        ptrnom = gets (nom);
        strcat(ptrnom,"\n");
        printf ("\n\n\t Entrez l'adresse : ");
        ptradr = gets (adr);
        strcat(ptradr,"\n");
        printf ("\n\n\t Entrez le numero de telephone : ");
        ptrtel = gets (tel);
        strcat(ptrtel,"\n");

        n = sprintf (bufptr,"%-50s%-254s%-12s",ptrnom,ptradr,ptrtel);
        if (write (fd,buffer,316) != 316)
            {
                puts ("Erreur d'Ecriture...");
                exit ();
            }
        puts ("\n\n\n");
    }

if (close (fd) == ERREUR)
    {
        puts ("\t Probleme a la fermeture du fichier");
        exit ();
    }

puts ("\t Execution terminee ...");
}

efface ()
{
    puts ("\33[H\33[2J");
}
```

La première chose nouvelle à noter est l'ordre utilisé pour ouvrir le fichier :

```
if ( (fd = open (argv [1], O_WRONLY)) = = ERREUR)
```

Le marqueur **O_WRONLY** est défini dans le fichier inclus **fcntl.h**.

Une fois le numéro de l'enregistrement saisi, on vérifie que ce numéro correspond bien à un enregistrement existant.

```
puts ("Entrez le numero d'enregistrement a ecrire");
scanf ("%d",&m);
m -= 1;
```

```
m *= 512;
if (lseek(fd,m,0) == ERREUR)
    {
        printf ("%d hors limite\n",m/512);
        continue;
    }
```

Le numéro saisi est modifié (m = (m − 1)*512) afin de pouvoir positionner le pointeur au début de l'enregistrement souhaité. Le mode 0 de la fonction **lseek** positionne l'origine du décalage au début du fichier. Le pointeur est ensuite amené sur la valeur de l'enregistrement numéro **m**.

Un saut de ligne est ensuite placé à la fin de chaque champ afin d'aider plus tard à leur reconnaissance.

```
gets (num);
printf ("\t Entrez le nom : ");
ptrnom = gets (nom);
strcat(ptrnom,"\n");
printf ("\n\n\t Entrez l'adresse : ");
ptradr = gets (adr);
strcat(ptradr,"\n");
printf ("\n\n\t Entrez le numero de telephone : ");
ptrtel = gets (tel);
strcat(ptrtel,"\n");
```

Les trois buffers séparés, **nom**, **adr**, et **tel** sont formatés et stockés dans le buffer principal, **buffer**.

```
n = sprintf (bufptr,"%-50s%-254s%-12s",ptrnom,ptradr,ptrtel);
```

La fonction **write** permet ensuite d'écrire sur le disque l'enregistrement spécifié par **m** et pointé par la fonction **lseek**. On a donc bien affaire maintenant à une écriture aléatoire.

```
if (write (fd,buffer,316) != 316)
    {
        puts ("Erreur d'Ecriture...");
        exit ();
    }
```

Le programme s'achève par la fermeture du fichier, avec affichage d'un message d'erreur éventuel ou d'arrêt normal.

```
              puts ("\n\n\n");
          }

    if (close (fd) == ERREUR)
        {
            puts ("\t Probleme a la fermeture du fichier");
            exit ();
        }

    puts ("\t Execution terminee ...");
}
```

LECTURE ALÉATOIRE

La Figure 7.5 permet de relire le fichier d'adresses précédemment
créé, en y accédant de manière aléatoire.

Figure 7.5 : Lecture aléatoire d'un fichier brut au moyen de la fonction lseek.

```
/*
                    Programme de lecture des fichiers bruts
                    crees par le programme de la figure 7.4
                    Utilisation de la fonction lseek

*/

#include "stdio.h"
#define BUFSECTS 32
#define TAILSECT 512
#define ERREUR -1

int fd;
char buffer [BUFSECTS * TAILSECT];

main (argc,argv)
int argc;
char **argv;
{
    int nbr_lu, i, n, v, ch, Z, Q;
    long lseek (),nbr;
    char *bufptr;
    char c;
    char buf1 [512];

    n = 0;
    bufptr = &buffer[0];
    memset (bufptr , '\0', BUFSECTS*TAILSECT);
    efface ();
    puts ("\n\t Lecture du fichier de repertoire d'adresses");
    if (argc != 2)
        {
            puts ("\t Le nom du fichier source doit etre inclus");
            puts ("\t dans la ligne de commande ");
            exit ();
        }

    if ( (fd = open (argv [1],0)) == ERREUR)
        {
            printf ("\t %s ne peut pas etre ouvert ...");
            exit ();
        }
```

```
while (nbr_lu = read (fd, buffer, BUFSECTS * TAILSECT))
    {
        n = (n > nbr_lu) ? n : nbr_lu;
        if (nbr_lu == ERREUR)
            {
                puts ("\t Erreur en cours de lecture du fichier");
                exit();
            }
    }

v=n%512;
n=(n-v)/512;

printf ("\n\n le fichier %s a %d enregistrements",argv[1],n);

for ( ; ; )
    {
        puts ("\n Frappez 9 pour sortir");
        puts ("\n ou une autre touche pour continuer");
        c =getch();
        if (c == '9')
            break;
        puts ("\n");
        puts ("Entrez le Numero de l'Enregistrement Vise");
        scanf ("%d",&nbr);
        nbr -= 1;
        nbr *= 512;
        lseek (fd,nbr,0);
        read (fd,buf1,512);

        Z = Q = 0;
        for (i = 0 ; i <= 511 ; i++)
            {
                if (ch = buf1 [i] == '\n')
                    {
                        puts ("\n");
                        Z = Q = 1;
                    }
                if ( (Z == 1 && (ch = buf1 [i] == ' ')) || Q == 1)
                        Q = 0;
                    else
                        {
                            putch (buf1 [i] );
                            Z = Q = 0;
                        }
            }
        puts ("\n");
    }

close (fd);
puts ("\t Operation terminee");
}

efface ()
{
    puts ("\33[H\33[2J");
}
```

La boucle **for**, qui est une boucle sans fin, renferme toute la logique du programme.

```
for ( ; ; )
    {
        puts ("\n Frappez 9 pour sortir");
        puts ("\n ou une autre touche pour continuer");
        c =getch();
        if (c == '9')
            break;
```

```
puts ("\n");
puts ("Entrez le Numero de l'Enregistrement Vise");
scanf ("%d",&nbr);
nbr -= 1;
nbr *= 512;
lseek (fd,nbr,0);
read (fd,buf1,512);

Z = Q = 0;
for (i = 0 ; i <= 511 ; i++)
    {
        if (ch = buf1 [i] == '\n')
            {
                puts ("\n");
                Z = Q = 1;
            }
        if ( (Z == 1 && (ch = buf1 [i] == ' ')) || Q == 1)
            Q = 0;
        else
            {
                putch (buf1 [i] );
                Z = Q = 0;
            }
    }
puts ("\n");
}
```

La demande d'arrêt permet de quitter la boucle lorsque le caractère 9 est entré. Le numéro de l'enregistrement à lire est demandé et la fonction **lseek** positionne le pointeur au niveau de la position spécifiée. L'enregistrement est de nouveau lu caractère par caractère et son contenu est passé au buffer **buf1**.

Contrairement au précédent programme de lecture de fichier (Figure 7.3), celui-ci formate à l'écran le contenu des enregistrements affichés. Le formatage est réalisé au moyen des variables intermédiaires Z et Q.

AUTRES FONCTIONS OPÉRANT SUR LES FICHIERS BRUTS OU BUFFERISÉS

LA FONCTION RENAME

```
int rename (ancnom,nouvnom);
char *ancnom;
char *nouvnom;
```

La fonction **rename** rebaptise le fichier spécifié par son premier argument (**ancnom**) au nom indiqué par le second (**nouvnom**). Les deux noms indiqués doivent être des lvaleurs et peuvent comporter des chemins d'accès. La fonction retourne la valeur 0 en cas de succès et −1 en cas d'échec.

LA FONCTION UNLINK

```
int unlink (nomfich);
char *nomfich;
```

Cette fonction efface le fichier dont le nom est spécifié comme argument. La valeur 0 est retournée en cas de succès et la valeur −1 en cas d'échec.

BILAN SUR LES FICHIERS DISQUE

C possède deux types de fichiers : les fichiers bufferisés et les fichiers bruts (ou non bufferisés). Les fichiers bruts utilisent peu de place mémoire et permettent des transferts très rapides. On peut y lire ou y écrire de manière aléatoire et ce sont les seuls fichiers qui, en C, puissent être mis à jour directement. En apportant beaucoup de soin à la manipulation de ces fichiers, on peut, en utilisant les outils dont disposent les fichiers bruts, aller lire ou écrire dans les fichiers aléatoires d'autres langages. Les fichiers bruts exigent plus de la part du programmeur car ils sont à peine plus évolués que les primitives système qu'ils sollicitent. Le programmeur doit s'occuper lui-même des tâches de gestion, de celles des buffers en particulier.

Les fichiers bufferisés sont traités plus lentement et, dans la plupart des versions, ne peuvent être ni complétés ni mis à jour. Ils sont par contre plus évolués que les fichiers bruts et assurent eux-mêmes toutes les tâches de gestion à la place du programmeur. Ils sont particulièrement bien adaptés pour la création de fichiers temporaires, de fichiers texte ou de tout fichier (sauf binaire) de longueur quelconque et ne réclamant pas de mise à jour.

8. STRUCTURES ET UNIONS

LES STRUCTURES

Les structures représentent un des concepts les plus importants des langages informatiques. Elles ont tiré maintes fois de situations délicates les programmeurs les plus chevronnés. Tout n'est pas parfait en ce bas monde, et les données à traiter par programmes n'arrivent pas toujours en paquets bien ficelés et du même type. Les structures permettent à des données d'être traitées comme une seule entité, même si elles n'appartiennent pas toutes au même type.

Un compte en banque offre un bon exemple d'association de données de types différents. Une information relative à un compte est sans valeur si elle n'est pas associée aux autres informations du compte, bien que toutes ne soient pas du même type. Prenons un exemple :

    Compte
        Nom du compte
        Numéro du compte
        Adresse
        Rue
        Ville
        Département
        Code postal
    Téléphone
    Solde du compte

Voilà déjà, hors de toute considération informatique, une structure de données ; l'intégralité du compte forme une structure. L'adresse est, elle aussi, une structure, mais elle appartient à la structure plus globale du compte. Toutes ces données ne pourraient pas être stockées dans un tableau, car elles ne sont pas toutes du même type. Elles peuvent par contre être stockées dans une structure. (Ce qui est plus intrigant, c'est que des structures peuvent très bien, elles, être des éléments de tableau...) Examinons de plus près les différents types de données du compte que nous avons baptisé *structure* de façon informelle :

STRUCTURE DE COMPTE

Information du compte	Type de donnée
Nom du compte	Caractère
Numéro de compte	Entier
Adresse	Structure
Rue	Caractère
Ville	Caractère
Département	Caractère
Code postal	Entier
Téléphone	Caractère
Solde	Flottant

Les structures existent, sous une forme ou sous une autre, dans de nombreux langages. Celle de PL/1 est très souple, Pascal a ses *record* et même COBOL en compte une. Celle de C s'appelle **struct** et se révèle fort puissante à l'usage.

D'un point de vue syntaxique, la structure de C est très particulière et peut décontenancer celui qui a pratiqué celle d'un autre langage. Au moment où elle est déclarée, la structure de C ne sert que de gabarit mémoire. Elle n'alloue aucun espace mémoire, mais sert plus ou moins de plan pour cette allocation. Examinons une version simplifiée de la structure de compte, écrite en C :

```
struct compte
    {
    char nom [32];
    int num_comp;
    char adres [64];
    char tel [12];
    float solde;
    };
```

Le mot clé **struct** informe le compilateur que **compte** est du type structure. Les accolades renferment le contenu de la structure. Noter que celle-ci doit se terminer par un point-virgule. On n'est pas tenu d'aligner les accolades, mais c'est un excellent moyen de vérifier que toute accolade ouverte est fermée tôt ou tard. Le gabarit de stockage mémoire a été défini avec **struct**. On peut maintenant demander à C d'attribuer une place mémoire basée sur ce modèle :

```
struct compte payable;
```

Cet ordre déclare une structure nommée **payable**, appartenant au type **compte**, et qui possède une zone de stockage longue de 114 octets [1].

C permet des tableaux de structures ou des structures de tableaux, dans à peu près toute combinaison imaginable. Pour déclarer un tableau de structures, on utilise la syntaxe suivante :

```
struct compte payable [1000];
```

ce qui allouerait un tableau de 1000 structures **compte**, appelé **payable**.

Comment atteindre un élément particulier de la structure ? Tout d'abord, il existe un nom pour chaque chose : **compte** est le *marqueur de structure*. **nom**, **adres**, **num_comp**, etc., sont les *membres de la structure*. **payable** est le *nom de structure*.

Pour faire référence à un membre particulier de la structure, on accole le nom de la structure concernée au nom du membre visé, comme dans :

```
payable.nom
```

ou

```
payable.num_comp
```

On utilise le caractère '.' comme charnière entre les deux termes rassemblés.

On peut aussi faire référence au membre à l'aide d'un pointeur, comme nous le verrons plus tard.

C permet d'assigner un nom à une structure au moment même de la déclaration du marqueur de structure et de ses membres.

```
struct compte
    {
    char nom [32];
    int num _ comp;
    char adres [64];
    char tel [12];
    float solde;
    }payable;
```

Le dernier ordre, }payable;, sert d'affectation de la structure. Ce type d'assignation de la structure est pratique, mais il ne fonctionne bien que si une seule structure de ce genre est utilisée. Dans le cas contraire, il peut aboutir à une certaine confusion pour le programmeur.

Les membres de la structure peuvent être de tous types, y compris les types tableau et structure. Les structures peuvent donc être imbriquées comme dans l'exemple ci-dessous :

```
struct compte
    {
    char nom [32];
    int num _ comp;
    struct adres client; /*struct imbriqué*/
    char tel [12];
    float solde;
    }payable;

struct adres
    {
    char rue [32];
    char ville [16];
    char dep [5];
    int codpost;
    }client;
```

Le membre **adres client** de la structure **compte** est lui-même une structure de type **adres**. On est donc bien en présence de structures imbriquées.

En C UNIX 7, on peut initialiser des variables au moment de leur déclaration. Cette option n'est pas toujours disponible sur les C 16 bits, et elle est rare sur les C 8 bits. Lorsqu'elle est autorisée, l'initialisation s'obtient par la syntaxe :

```
struct adres client = {(6 rue des Preuves,Paris,Seine,75116)};
```

Heureusement, une majorité de compilateurs 16 bits supportent désormais l'initialisation et le reste des options du C UNIX 7.

STRUCTURES ET FONCTIONS

Une des limitations des structures de C (et de celles de Pascal) est qu'elles ne peuvent pas se passer de fonction à fonction. Leurs membres individuels peuvent être passés isolément par valeur, mais tout l'intérêt du principe de la structure est remis en question si on est obligé de la démonter pour la transporter. Si la structure (son modèle, son nom, ses membres) est externe à tout le code, pas de problèmes... (Il faudra éventuellement la déclarer en **static** si on ne veut pas qu'elle soit accessible à d'autres programmes.) Sinon, reste la solution du pointeur : si le pointeur du nom de structure peut être passé à la fonction au moment où celle-ci déclare la structure, c'est gagné, on peut récupérer son contenu grâce à l'adresse. Ainsi :

```
fich_disq (&payable);
.
.
.
}

fich_disq (pp)
struct compte *pp
{
.
.
.
```

Le pointeur de la structure **payable** est passé comme argument à la fonction **fich_disq**. Il est réceptionné dans la variable **pp** et déclaré, avant le bloc de fonction, en tant que pointeur.

LES TABLEAUX DE STRUCTURES

On entend souvent parler de la notion de puissance d'un langage. Qu'est-ce que cela signifie ? Un critère de jugement de la puissance d'un langage est la capacité qu'il a d'accomplir beaucoup avec peu de code. De ce point de vue, C est très puissant. La faculté qu'il a de créer des tableaux de structures en est un bon témoignage. Dans l'exemple suivant, on crée le tableau **payable** dont chacun des 1000 éléments est du modèle défini par la structure **compte.**

```
struct compte
       {
       char nom [32];
       int num_comp;
       char adres [64];
       char [tel];
       float solde;
       }payable [1000];
```

Il faut une syntaxe bien spéciale pour référencer les membres d'un tableau de structures. On sait que les références à un membre d'un tableau de structures doivent être assorties du nom de la structure. A la place du nom, on peut aussi utiliser un pointeur. On traite alors le membre comme un mot, précédé d'un adjectif :

```
ptr— > nom
```

Dans ce cas, le membre de la structure **nom** est modifié par le pointeur pour désigner un membre particulier [2]. Cela peut aussi s'écrire :

```
(*ptr).nom
```

Les opérateurs () , . , — > et [ ] sont au sommet de l'échelle des priorités. Aussi l'expression ***ptr** doit-elle être mise entre parenthèses (afin que l'opérateur indirect ***** soit traité avant l'opérateur de membre de structure).

LA PROGRAMMATION AVEC LES STRUCTURES

Assez de théorie pour l'instant ; il est temps de mettre les structures en œuvre. Le programme de la Figure 8.1 est un exercice utilisant les tableaux à plusieurs dimensions, les tableaux de structures et les structures elles-mêmes. Afin de ne pas aborder d'un seul coup trop de concepts nouveaux, et en particulier le concept de la modification par pointeur, le programme a été écrit en deux versions. La première, Figure 8.1, place les affectations de structure de façon externe au programme, afin d'éliminer le recours à des modifieurs de structure. La seconde version, Figure 8.2, utilise à profusion les modifieurs par pointeurs.

Figure 8.1 : Exercice sur les structures, les tableaux de structures et les tableaux à plusieurs dimensions.

```
/*
        Exercice sur les structures, les tableaux de structures,
        les tableaux a plusieurs dimensions et l'initialisation
        de tableaux ...
*/

        struct date (
                        int jour;
                        int mois;
                        int annee;
                        int numjour;
                        char nomdumoi [8];
                        ) d ;

        struct nom_mois (
                        int nmois;
                        char *nom [8];
                        ) m [13] ;

        int bissext;

main()
(
    init_m();
    efface ();
    puts ("\n\t Programme de conversion de date\n");

    for ( ; ; )
        (
            printf ("mois : ");
            scanf ("%d",&d.mois);
            if (d.mois < 1 !! d.mois > 12)
                (
                    puts ("\tLe mois doit etre compris entre 1 et 12 ");
                    exit ();
                )
            strcpy (d.nomdumoi , m [d.mois].nom);
            printf ("%s\n" , d.nomdumoi);
            printf ("Jour : ");
            scanf ("%d" , &d.jour);
            printf ("Annee : ");
            scanf ("%d", &d.annee);
            if (d.annee < 1900 !! d.annee > 2000)
                (
                    puts ("\tChoisissez une annee du siecle...");
                    exit ();
                )
            annbissx();
            d.numjour = jr_de_an ();
            printf (" Le numero d'ordre du jour est %d\n", d.numjour);
        )
)

jr_de_an ()
(
    int i , njour;
    int dt [2] [13];

        dt[0][0]=0;      dt[0][1]=31;     dt[0][2]=28;     dt[0][3]=31;
        dt[0][4]=30;     dt[0][5]=31;     dt[0][6]=30;     dt[0][7]=31;
        dt[0][8]=31;     dt[0][9]=30;     dt[0][10]=31;    dt[0][11]=30;
        dt[0][12]=31;

        dt[1][0]=0;      dt[1][1]=31;     dt[1][2]=29;     dt[1][3]=31;
        dt[1][4]=30;     dt[1][5]=31;     dt[1][6]=30;     dt[1][7]=31;
        dt[1][8]=31;     dt[1][9]=30;     dt[1][10]=31;    dt[1][11]=30;
        dt[1][12]=31;
```

```
    njour = d.jour;
    for (i=1 ; i < d.mois ; i++)
        njour += dt [bissext] [i];
    return njour;
}

efface ()
{
    puts ("\33[H\33[2J");
}

init_m ()
{
    int i;

    strcpy ( m[0].nom , "");
    strcpy ( m[1].nom , "Janvier");
    strcpy ( m[2].nom , "Fevrier");
    strcpy ( m[3].nom , "Mars");
    strcpy ( m[4].nom , "Avril");
    strcpy ( m[5].nom , "Mai");
    strcpy ( m[6].nom , "Juin");
    strcpy ( m[7].nom , "Juillet");
    strcpy ( m[8].nom , "Aout");
    strcpy ( m[9].nom , "Septembre");
    strcpy ( m[10].nom , "Octobre");
    strcpy ( m[11].nom , "Novembre");
    strcpy ( m[12].nom , "Decembre");

    for (i = 0 ; i <= 12 ; i++)
        m [i].nmois = i;
}

annbissx()
{
    bissext = 0;
    if ( ((d.annee - 1900) % 4) == 0)
        bissext = 1;
}
```

Le but du programme est de calculer le numéro d'ordre dans l'année, sur une échelle de 0 à 366, d'une date donnée dans le format mois - jour - année par l'opérateur. Le programme crée un tableau à deux dimensions du nombre de jours de chaque mois, un vecteur du tableau représentant les années bissextiles, l'autre les années normales. Il se sert ensuite de la date entrée pour calculer le numéro d'ordre du jour dans l'année. Le 1er janvier 1983 est ainsi le premier jour de l'année et le 31 décembre 1983 le 365e.

Disséquons le programme pour voir comment il fonctionne.

```
struct date {
            int jour;
            int mois;
            int annee;
            int numjour;
            char nomdumoi [8];
            } d ;
```

Un type de structure nommé **date** est défini dans cette portion. Ses membres sont de type entier, à l'exception du tableau de caractères nomdumoi. On voit là combien il est facile d'intégrer des tableaux à une structure. date ne permet pas lui-même de stockage mémoire. Une structure d, organisée selon le modèle de date, est déclarée à la fin de la déclaration de date.

Noter la syntaxe }d;. C'est elle qui assigne la zone de stockage à la structure d de type date.

Cette structure et celle qui suit sont implicitement déclarées externes au bloc principal et sont donc globales au programme.

La seconde structure est baptisée nom_mois :

```
struct nom_mois {
                int nmois;
                char *nom [8];
                } m [13] ;
```

C'est une structure des noms de mois et de leur position dans l'année. L'ordre

```
}m [13];
```

déclare un tableau de 13 structures du type nom_mois dont le nom est m.

L'entier bissext est ensuite déclaré

```
int bissext;
```

qui indiquera si l'année concernée est bissextile ou pas.

Au début, le programme initialise le tableau m des noms de mois en appelant la fonction init_m. Après un effacement d'écran, le programme réclame ensuite le mois de la date à traiter, et la fonction scanf scrute les entrées dans l'attente d'un entier, qui sera stocké à l'adresse de d.mois.

```
main()
{
    init_m();
    efface ();
    puts ("\n\t Programme de conversion de date\n");

    for ( ; ; )
        {
            printf ("mois : ");
            scanf ("%d",&d.mois);
            if (d.mois < 1 !! d.mois > 12)
                {
                    puts ("\tLe mois doit etre compris entre 1 et 12 ");
                    exit ();
```

→

```
    }
    strcpy (d.nomdumoi , m [d.mois].nom);
    printf ("%s\n" , d.nomdumoi);
```

On doit donner à la fonction **scanf** un pointeur du nom de la variable qu'elle traite. Le membre **d.mois** est testé pour vérifier la validité
du nombre saisi. Si ce nombre est rejeté, le programme signale que
la valeur entrée doit être comprise entre **1** et **12**, puis l'ordre exit ()
fait sortir du programme.

La fonction **strcpy** copie ensuite **m [d.mois].nom** (un tableau de
caractères qui est un membre de la structure, elle-même élément d'un
tableau de structures de type **nom_mois**) dans **d.nomdumoi** (qui est
aussi un tableau de caractères et un membre de la structure **d**). Après
avoir copié un membre de la structure dans l'autre, on affiche le nom
du mois à l'écran grâce à la fonction **printf**.

On saisit ensuite le nom du mois et l'année par des fonctions **scanf**.

```
    printf ("Jour : ");
    scanf ("%d" , &d.jour);
    printf ("Annee : ");
    scanf ("%d", &d.annee);
    if (d.annee < 1900 || d.annee > 2000)
        {
            puts ("\tChoisissez une annee du siecle...");
            exit ();
        }
```

L'année est testée par l'ordre **if** pour voir si le nombre entré est raisonnable. S'il ne l'est pas, on rappelle à l'opérateur qu'il doit entrer
une année du siècle en cours, et l'ordre **exit ()** fait sortir du programme.

Comme toutes les données du programme sont globales, on peut
simplement appeler la fonction **annbissx** pour mettre à la valeur convenable l'indicateur d'année bissextile.

```
        annbissx();
        d.numjour = jr_de_an ();
        printf (" Le numero d'ordre du jour est %d\n", d.numjour);
    }
}
```

La fonction **jr_de_an** calcule ensuite le numéro d'ordre dans l'année du jour étudié. L'ordre **printf** qui suit affiche ensuite le résultat.

Si on pénètre à l'intérieur des fonctions, on comprend les modes
de calcul appliqués.

```
jr_de_an ()
{
    int i , njour;
    int dt [2] [13];
```

La fonction **jr _ de _ an** commence en déclarant un indice de boucle
i et une variable **njour**. Un tableau **dt** à deux dimensions est déclaré,
qui contiendra le nombre de jours de chaque mois. L'élément 0 de
ce tableau ne contient pas de jours, donc les mois seront numérotés
de 1 à 12.

Le tableau est initialisé par la masse d'affectations suivante :

```
dt[0][0]=0;      dt[0][1]=31;     dt[0][2]=28;      dt[0][3]=31;
dt[0][4]=30;     dt[0][5]=31;     dt[0][6]=30;      dt[0][7]=31;
dt[0][8]=31;     dt[0][9]=30;     dt[0][10]=31;     dt[0][11]=30;
ct[0][12]=31;

dt[1][0]=0;      dt[1][1]=31;     dt[1][2]=29;      dt[1][3]=31;
dt[1][4]=30;     dt[1][5]=31;     dt[1][6]=30;      dt[1][7]=31;
dt[1][8]=31;     dt[1][9]=30;     dt[1][10]=31;     dt[1][11]=30;
dt[1][12]=31;
```

L'affectation a lieu par lignes. Les lignes sont remplies d'abord, puis
les colonnes. Les deux tableaux sont identiques, excepté la valeur
de février. Le second tableau, **dt [1] [ ]**, est le tableau d'année
bissextile.

L'étape suivante initialise **njour** à la valeur du jour du mois qui a
été saisi dans le bloc principal. C'est ce qui se passe dans l'ordre **njour
= d.jour;**

```
        njour = d.jour;
        for (i=1 ; i < d.mois ; i++)
                njour += dt [bissext] [i];
        return njour;
}
```

La boucle **for** lit ensuite dans le tableau des mois et incrémente **njour**,
le nombre de jours, du nombre total de jours de chaque mois. Cette
opération est réalisée un nombre de fois égal au numéro du mois
entré moins 1. L'indicateur d'année bissextile est activé dans l'anté-
pénultième ligne, et selon sa valeur (0 ou 1), on lit telle ou telle ligne
du tableau.

L'initialisation du tableau de structure **m** est accomplie par les ordres
d'affectation suivants :

```
init_m ()
{
    int i;

    strcpy ( m[0].nom , "");
    strcpy ( m[1].nom , "Janvier");
    strcpy ( m[2].nom , "Fevrier");
    strcpy ( m[3].nom , "Mars");
    strcpy ( m[4].nom , "Avril");
    strcpy ( m[5].nom , "Mai");
    strcpy ( m[6].nom , "Juin");
    strcpy ( m[7].nom , "Juillet");
    strcpy ( m[8].nom , "Aout");
    strcpy ( m[9].nom , "Septembre");
    strcpy ( m[10].nom , "Octobre");
    strcpy ( m[11].nom , "Novembre");
    strcpy ( m[12].nom , "Decembre");
```

Remarquer l'indexation du tableau :

```
m[1].nom
```

et non pas :

```
m.nom[1]
```

Si nous étions en PL/1, la seconde syntaxe serait parfaitement accep-
table, mais en C, c'est le nom de la *structure* qui doit être indexé.
m.nom[1] ferait référence au second élément de la chaîne nom modifié par l'élément 0 du tableau m. On lirait alors un blanc au lieu de
Janvier.

La boucle **for** initialise ensuite les numéros de mois. A travers les
treize passages, le numéro de mois m[i] est initialisé avec son propre
indice.

```
        for (i = 0 ; i <= 12 ; i++)
            m [i].nmois = i;
}
```

La fonction **annbissx** initialise à 0 l'indicateur d'année bissextile.

```
annbissx()
{
    bissext = 0;
    if ( ((d.annee - 1900) % 4) == 0)
            bissext = 1;
}
```

On prend ensuite les deux derniers chiffres de l'année saisie, et on les divise modulo 4. Noter les parenthèses de l'expression

((d.annee − 1900) % 4)

La soustraction doit avoir lieu avant que l'opérateur modulo n'entre en jeu. Les règles de priorité sont donc appliquées ici. Comme l'opérateur % a normalement priorité sur la soustraction, on place celle-ci entre parenthèses. Si le reste obtenu est nul, l'année est bissextile et l'indicateur **bissext** est mis à 1 (VRAI).

RÉFÉRENCE PAR POINTEURS DES STRUCTURES

Le programme de la Figure 8.2 est le même que celui de la Figure 8.1, mais cette fois les structures ne sont pas externes au code et doivent être transmises par l'intermédiaire de pointeurs. Il y a donc une différence importante dans la façon dont les membres de structures sont référencés dans les fonctions. Avant de disséquer le programme, examinons-le dans son intégralité pour bien noter toutes les références de pointeurs avant les noms de membres.

Figure 8.2 : Utilisation de pointeurs comme modificateurs de structures.

```
/*
        Exercice sur les structures, les tableaux de structures,
        les tableaux a plusieurs dimensions et l'initialisation
        de tableaux par reference a des pointeurs...
*/

        struct date (
                int jour;
                int mois;
                int annee;
                int numjour;
                char nomdumoi [8];
                ) ;

        struct nom_mois (
                int nmois;
                char *nom [8];
                );

        int bissext;
```

Ces deux déclarations permettent la réservation d'espace mémoire pour les deux structures définies.

Les mois, jour et année sont ensuite saisis et stockés dans l'adresse appropriée des membres de structure. Toutes ces lignes de code sont identiques à celles de la Figure 8.1. La différence suivante se produit lors du passage de paramètres aux fonctions **annbissx** et **jr_de_an**.

```
annbissx ( &d );
jr_de_an ( &d );
```

L'adresse de la structure **d** est passée à ces deux fonctions par l'intermédiaire du pointeur **&d**.

pd, le pointeur de **d**, est reçu par la fonction et y est déclaré comme pointeur avant d'entrer dans le bloc fonction.

```
        d.numjour = jr_de_an (&d);
        printf (" Le numero d'ordre du jour est %d\n",d.numjour);
    }
}

jr_de_an (pd)
struct date *pd;
{
```

L'essentiel de la fonction **jr_de_an** est identique à la version de la Figure 8.1, à une différence importante près dans l'écriture de la référence au membre de structure. On trouve en effet, vers la fin de la fonction, l'ordre :

```
njour = pd - > jour;
```

On ne peut plus en effet utiliser la syntaxe à base de noms de structures comme dans la Figure 8.1 (par exemple : **d.jour**), puisque le nom de structure ne peut plus être passé à la fonction. Pour pouvoir modifier les données des structures, il faut maintenant avoir recours aux pointeurs. L'opérateur de pointeur de structure − > pointe vers un membre particulier d'une structure. Dans le C intégral, les noms de membres de structures différentes peuvent être identiques. S'il existait une structure de type **date** nommée **e**, **e.jour** serait différent de **d.jour**. En changeant la valeur du pointeur **pd**, **pd** − > prendrait des valeurs différentes dépendant de l'adresse donnée à **pd**.

En quelques lignes va ensuite être effectuée beaucoup d'arithmétique sur pointeurs et la valeur de **pm** sera finalement modifiée. Pour conserver l'origine du tableau de structures **m**, un pointeur **pstrt** est déclaré.

```
init_m (pm)
struct nom_mois *pm;
{
        struct nom_mois *pstrt;
```

pstrt prend ensuite la valeur de l'origine du tableau **nom_mois** (valeur initiale du pointeur **pm**) :

```
int i;

pstrt = pm;
```

La constante de chaîne vide (""") est copiée dans le membre de structure **nom** par la fonction **strcpy** :

```
strcpy ( ( pm + + ) − > nom , """);
```

Le pointeur **pm** n'est incrémenté qu'*après* l'adressage de **nom**. Comme l'opérateur unaire d'incrémentation + + possède un niveau de priorité inférieur à celui de l'opérateur de pointeur − >, l'expression **pm + +** doit être placée entre parenthèses afin d'être incrémentée après que le système a effectué l'affectation de pointeur. On utilise bien **pm + +**, et non pas + +**pm**, qui produirait d'abord l'incrémentation.

D'ailleurs, non seulement il n'y a pas *besoin* d'incrémenter le pointeur lors de la dernière affectation, mais en plus il n'y a plus de place pour l'incrémenter.

```
strcpy ( (pm++)->nom , "Janvier");
strcpy ( (pm++)->nom , "Fevrier");
strcpy ( (pm++)->nom , "Mars");
strcpy ( (pm++)->nom , "Avril");
strcpy ( (pm++)->nom , "Mai");
strcpy ( (pm++)->nom , "Juin");
strcpy ( (pm++)->nom , "Juillet");
strcpy ( (pm++)->nom , "Aout");
strcpy ( (pm++)->nom , "Septembre");
strcpy ( (pm++)->nom , "Octobre");
strcpy ( (pm++)->nom , "Novembre");
strcpy ( (pm)->nom , "Decembre");
```

Une mise en garde importante : dans ces manipulations, on veillera à ne jamais orienter un pointeur vers une zone mémoire interdite. Cela peut perturber l'unité centrale tout en déboussolant complètement l'organisation de l'écran. Prudence donc dans le domaine de l'arithmétique de pointeurs...

Le pointeur de structure **m** est ensuite remis à sa valeur d'origine :

```
pm = pstrt;
```

Dans la boucle **for**, le membre **nmois** prend la valeur de l'indice de boucle, par la même méthode d'incrémentation du pointeur :

```
for ( i = 0 ; i < = 12 ; i+ + )
    ( pm+ + ) — > nmois = i;
```

Pour respecter de bonnes pratiques de programmation, le pointeur est de nouveau remis à sa valeur d'origine **pstrt**. Ce faisant, on perd quelques secondes de frappe au clavier et quelques octets en mémoire. Cependant, si le programme vient à être complété, le pointeur ne partira pas sur la lune à la première incrémentation, comme ce serait le cas s'il n'était pas replacé à l'origine de la structure.

Le pointeur de **d**, **pd**, est passé à la fonction **annbissx**. Il y est déclaré dès sa réception :

```
}

annbissx (pd)
struct date *pd;
{
```

Il sert ensuite pour préciser le membre de structure **annee** :

```
        bissext = 0;
        if ( ((pd->annee — 1900) % 4) == 0)
            bissext = 1;
}
```

Essayons de tirer la conclusion de cet ensemble avec quelques remarques sur sa philosophie de programmation. Le programme de la Figure 8.2 pourrait tenir dans les trois quarts de son volume si on plaçait plusieurs opérations par ligne et si on initialisait tableaux et structures dans les déclarations. On n'appliquerait pas pour autant de bonnes règles de programmation, en particulier pour la programmation d'applications. Le code source doit rester aussi lisible pour des humains que pour des compilateurs. Le programmeur se doit à lui-même, et aux autres programmeurs, de rendre son code aussi limpide que possible. Au temps des machines à 20 K de mémoire câblée, les économies de bouts d'octets étaient une obligation. Elles ne servent plus à rien aujourd'hui et font perdre du temps de programmation. On fera une exception à ces règles pour le travail au niveau système, où la taille mémoire d'un système d'exploitation ou d'un compilateur est effectivement primordiale. Pour le type de programmation auquel nous nous livrons en tout cas, l'utilisation de commentaires peut être généreuse. Comme le conseille Kernighan dans un de ses ouvrages, ''écrivons clairement — ne soyons pas trop intelligents...''

LES UNIONS

L'**union** est un type de données prévu pour contenir des objets de différents types et tailles. C'est une sorte de fourre-tout pour des données aux caractéristiques mal prévisibles. Il existe une forte ressemblance entre structures et **unions**. Les deux sont des types de données agrégées et peuvent contenir scalaires, **unions**, tableaux, structures, pointeurs, etc. La fonction usuelle de l'**union** est d'englober des données dont le type est pressenti mais inconnu. Par exemple, si l'on doit recevoir une valeur numérique mais si son type est inconnu, on pourra la loger dans l'**union** suivante :

```
union numéric
    {
    int in;
    float fl;
    double dbl;
    }nbr;
```

L'**union numéric** acceptera toute donnée numérique de 16 à 64 bits.
La syntaxe de l'**union** est analogue à celle des structures. On déclare d'abord, après le mot **union**, un marqueur d'union, **numeric** dans ce

cas. On place ensuite entre les accolades les différents membres de l'**union**, déclarés avec leur type. Enfin, entre accolade et point-virgule final, on place éventuellement un nom d'**union**, ici **nbr**. Les membres de l'**union** sont atteints en utilisant la syntaxe :

    nom_union.membre

soit, dans l'exemple précédent :

    nbr.in

Les membres peuvent aussi être atteints par des références de pointeurs :

    ptrin — > in

L'imbrication de structures et d'**unions** peut donner lieu à des dilemmes au sujet de la syntaxe, lors de référencements. Prenons les deux structures de la Figure 8.2 et incorporons-les dans une **union** :

```
union s2
    {
    struct *date;
    struct date
        {
        int jour;
        int mois;
        int annee;
        int numjour;
        char nomdumoi [8];
        }d;

    struct *nom_mois;
    struct nom_mois
        {
        int nmois;
        char *nom [8];
        }m [13];
    }cal [100];
```

L'**union cal** représente un tableau de type **union**, qui recevra soit la structure **date**, soit la structure **nom_mois**.

Une fois déclarée de type **s2**, l'**union cal** correspond à un tableau dont chaque élément possède assez de place pour contenir des données du type **date** ou du type **nom_mois**. On peut atteindre un membre particulier de l'**union** par la syntaxe :

```
cal [ idx ] . m . nom [ 0 ]
```

Cet ordre permet d'entrer dans l'**union cal**, d'aller dans l'élément du tableau **cal** spécifié par l'indice **idx**, puis d'aller dans la structure **m** vers le membre **nom**, pour y prendre l'initiale du nom du mois. De façon symbolique, cela peut se traduire ainsi :

```
nom_union . nom_structure . membre
```

L'**union** utilisée par C pour définir la zone mémoire utile à la fonction **alloc** est un exemple classique de l'emploi de l'utilité des **unions**. (La fonction **alloc()** est traitée au Chapitre 13.)

```
union en_tête
    {
    struct
            {
            union en_tête *ptr;
            unsigned taille;
            }s;
    };
```

Cette **union** contient une structure **s** qui représente un nœud : il contient la taille du bloc de stockage à affecter et un pointeur vers le nœud suivant.

Les nœuds font partie des *structures de données* (que l'on ne doit pas confondre avec le type **structure**, qui n'est qu'un composant des structures de données, au sens plus large). Nous ne parlerons pas plus ici de ce domaine de l'informatique sur lequel structures et unions nous font déboucher naturellement. Lorsqu'on traite de structures de données, on entre dans le domaine des arbres binaires, des arbres B, des listes linkées et autres. Les structures de données traitent des problèmes de stockage et récupération de données dans des tableaux et dans la zone du heap. Il s'agit là de sciences particulières qui font l'objet d'ouvrages spécialisés.

9. VUE D'ENSEMBLE ET DÉFINITION DU LANGAGE

Dans les chapitres précédents, C a été abordé morceau par morceau. Nous sommes partis du niveau où tout ce qu'on pouvait lui demander était d'écrire «Bonjour» à l'écran, pour arriver aux E/S sur fichiers et aux structures de données. Bien que le langage ait déjà été défini unité par unité, il est temps maintenant de l'aborder sous un angle général dans sa forme actuelle.

C est désormais disponible sous MS-DOS et CP/M dans des versions allant de l'outil d'apprentissage jusqu'à celles qui sont pleinement compatibles avec le C UNIX 7. Les gammes de prix de ces produits vont de 2 000 à plus de 42 000 francs. Nous allons examiner nombre de ces versions.

Certains produits sont orientés vers les programmeurs amateurs, d'autres permettent les programmations les plus avancées. Trois compilateurs C ont déjà été employés à l'échelle commerciale pour la mise au point d'utilitaires et même de compilateurs. Parmi les utilitaires écrits en C BDS, on répertorie des systèmes d'exploitation (MARC) et des émulateurs de système comme MicroShell.

C'est dans l'Annexe A du *Manuel de référence de C* de l'ouvrage *The C Programming Language* de Kernighan et Ritchie, que se trouve la définition de référence du langage C. Les sous-ensembles de C restent cependant des éléments valides, tant qu'ils respectent la définition d'origine du langage [1]. La taille des bibliothèques de fonctions constitue par ailleurs un nouveau paramètre d'évaluation de la valeur d'un compilateur.

Le noyau de base de C ne possède pas d'E/S autres que **getchar**, **putchar** et quelques autres fonctions. Il semble paradoxal qu'un langage si puissant possède si peu de possibilités d'E/S. On doit alors se souvenir des conditions de création de C : C a été conçu pour tourner sous UNIX qui possède, lui, d'importantes possibilités d'E/S, et notamment les redirections. Les E/S redirigées permettent à l'opérateur d'orienter le flot de ses données vers des fichiers, vers le terminal, l'imprimante, etc.

D'un autre côté, la capacité de C de créer et exécuter des fonctions a permis d'obtenir des bibliothèques de fonctions enviables, que seul PL/1 au grand complet peut concurrencer. La possibilité d'adapter à ses propres besoins le C dont on dispose en fait un langage très créatif. Pour obtenir les possibilités d'E/S dont on a besoin, on écrit les drivers de périphériques requis, qu'on intègre ensuite au corps de son C. On peut aussi utiliser un utilitaire comme MicroShell, qui multipliera les possibilités d'E/S de C.

Retour aux choses essentielles : abordons quelques particularités de C.

LES IDENTIFIEURS

En C, les noms ou identifieurs comptent de 6 à 8 caractères. Le C C1-C86, une version 16 bits, accepte des noms de variables longs. C reconnaît tout caractère numérique ou alphabétique (les lettres majuscules ont une représentation ASCII différente de celle des minuscules). Le tiret bas (_) est aussi un caractère reconnaissable. La plupart des compilateurs peuvent traiter des noms de plus de 8 caractères, mais ils ne reconnaissent pas les caractères au-delà du huitième.

    acompte_payable

et

    acompte_encaissable

seront perçus comme la même entité par le compilateur.

LES COMMENTAIRES

Les commentaires doivent être cernés par les paires de caractères /* et */ et ne peuvent pas être imbriqués.

STYLE D'ÉCRITURE

C est un langage sans contraintes d'écriture. Ses commandes ne sont pas limitées à une seule ligne. Les paires de caractères retour chariot/saut de ligne ne signifient rien pour le compilateur (une nouveauté pour les utilisateurs du BASIC). Pour être complète, une commande doit se terminer par un point-virgule. En C comme en Pascal et en PL/1, il est bon d'utiliser les espaces blancs pour améliorer la lisibilité des programmes :

```
if ( a <= b)
     fonct (a);
   else
     fonct (b);
```

LES MOTS CLÉS

Les identifieurs suivants sont des mots clés réservés par C. Ils ne peuvent servir comme noms de constantes, de variables ou de fonctions.

auto	extern	short	while
break	float	sizeof	
case	for	static	
char	goto	struct	
continue	if	switch	
default	int	typedef	
do	long	union	
double	register	unsigned	
else	return	void	

CONVENTIONS DE COMPILATION

Un compilateur est plus ou moins un traducteur d'instructions de langage informatique. Il effectue la transition entre des instructions proches du langage parlé et le code intermédiaire, qui est habituellement une forme de langage assembleur. Le but du code intermédiaire est de fournir un langage que l'éditeur de liens traduira en vrai langage machine. Derrière ces schémas généraux se cache une réalité très complexe. Il est extrêmement difficile de réaliser un compilateur fiable et efficace tout en lui conservant une occupation mémoire raisonnable. C'est pour cette raison que les compilateurs pour ordinateurs dotés de plus de mémoire et de capacité disque offrent plus de possibilités. Ainsi la famille des compilateurs 16 bits offre une tranche plus complète du C de référence que celle des compilateurs 8 bits.

Le compilateur a besoin de toute la vigilance du programmeur. Il procède en lisant un *mot* à la fois et en le traitant. Les mots sont appelés des *signes*. Le compilateur doit examiner chaque signe et le comparer à son propre vocabulaire. Si le signe est un mot clé, le compilateur émet un jeu d'instructions appropriées. Si c'est un opérateur, il agit en conséquence et émet le jeu d'instructions correspondant. Si les *mots* sont entourés de guillemets, le compilateur les traite en tant que chaînes. Dans les autres cas, le compilateur sait qu'il a affaire à un identificateur (nom de variable) ou à une constante. Les signes doivent être séparés par des espaces.

La responsabilité du programmeur est donc d'écrire un code compréhensible par le compilateur, ce qui implique le respect des règles de syntaxe et l'observation des conventions précédentes.

LES CONSTANTES

Les constantes sont des valeurs disposant d'une zone de stockage en mémoire et dont la valeur ne change pas en cours de programme. Par convention, beaucoup de constantes sont définies à l'aide de la commande de préprocesseur #define. Il existe plusieurs classes de constantes définies ci-dessous.

LES CONSTANTES ENTIÈRES

Les constantes entières sont définies par le programme avec des valeurs entières. Elles sont stockées de façon interne avec des représentations qui dépendent du matériel utilisé. Les entiers signés courts vont de -32768 à 32767, les entiers non signés courts vont de 0 à 65735, les entiers non signés longs vont jusqu'à 16777215, etc. Les

constantes entières peuvent s'exprimer en décimal (base 10), hexadécimal (base 16) ou en octal (base 8). Les nombres hexadécimaux
sont représentés comme suit : 1,2,3,4,5,6,7,8,9,A,B,C,D,E,F,10,11, etc.
Pour représenter des constantes entières, on utilise la notation conventionnelle pour les décimaux :

32767

En hexadécimal, le nombre doit être précédé de 0X ou 0x :

0XFFF

et en octal, il doit être précédé d'un zéro :

07777

LES CONSTANTES À VIRGULE FLOTTANTE

Les constantes à virgule flottante comprennent une partie entière,
une partie décimale et un E ou e optionnel suivi d'un exposant entier
signé ou non signé. Une constante flottante n'a pas nécessairement
de point décimal. Les exemples suivants sont tous des constantes flottantes légales :

65536
30e6
−6.5536E−6
987654321.0

LES CONSTANTES LONGUES

Les constantes longues sont des entiers décimaux, octaux ou hexadécimaux suivis d'un L ou d'un l. Ils ne sont pas supportés par la plupart des versions 8 bits de C.

LES CONSTANTES CARACTÈRE

Une constante caractère peut être tout caractère entouré d'apostrophes, comme '0'. C l'interprète comme la valeur numérique du

caractère dans le code de référence du système. Par exemple, '0' est équivalent à 030 hexadécimal dans le code ASCII. La barre inverse ('\'), combinée à d'autres caractères, permet de placer les constantes de caractères suivantes — affichables ou non affichables — dans un lot de caractères envoyés vers une sortie :

\n	saut de ligne
\b	retour arrière
\f	saut de page
\'	apostrophe
\0	nul
\t	tabulation
\r	retour chariot
\ \	barre inverse
\ddd	configuration octale (par exemple \02) [2]

LES CHAÎNES

Une chaîne peut être constituée de toute séquence de caractères (y compris les caractères non alphabétiques) cernée par des guillemets comme par exemple : ''Voici une chaîne''. Les chaînes de C sont des tableaux de caractères qui comptent un emplacement de plus que leur nombre de caractères, pour permettre de loger le symbole de fin de chaîne, \0. Toute entrée à partir du clavier doit se terminer par la frappe de la touche RETURN ou ENTER, sauf dans le cas de la fonction **getchar()**, qui ne réclame qu'un caractère. Il résulte que la paire de caractères retour chariot/saut de page se trouve ajoutée au buffer de saisie. C enlève alors ces deux caractères de l'extrémité de la chaîne entrée et, si la chaîne doit être stockée, les remplace par un symbole \0.

CLASSES DE STOCKAGE ET TYPES DE DONNÉES

Classes de stockage et types de données sont traités au Chapitre 3.

LES OPÉRATEURS

Les opérateurs sont traités au Chapitre 2.

LES ORDRES

Les ordres constituent la partie exécutable du code en C. Ils peuvent être simples ou composés. Les ordres composés sont précédés d'une accolade ouverte et se terminent par une accolade fermée. Certains C délimitent leurs blocs par **begin** et **end**, à l'instar de Pascal. Ces versions sont atypiques et réservées aux claviers dépourvus du caractère accolade.

Les points-virgules provoquent l'évaluation des expressions et la mise en réserve des résultats. Pour cette raison, des expressions du type :

    y − x ;

ne servent à rien sans affectation du résultat ou appel de fonction. Dans un ordre d'affectation, une expression est évaluée et le résultat est affecté à une variable. Une fonction évalue une expression et, le plus souvent, elle transmet son résultat sous forme de paramètre. La leçon à retenir est qu'on doit utiliser les ordres dans le cadre d'expressions d'affectation ou de fonctions, sous peine de ne pas pouvoir récupérer les résultats.

Un point-virgule isolé est équivalent à un caractère nul et ne sert que de ponctuation dans certains cas particuliers, comme la boucle infinie. Une boucle infinie est une boucle sans sortie prévue comme :

    while (VRAI)

ou

    for (; ;)

ou

    do {

```
    .
    .
    .
} while (VRAI)
```

Comme la boucle n'a pas de fin, elle se réitère indéfiniment. Les boucles infinies comprennent toujours un ordre interne qui leur permet de se saborder lorsqu'une condition donnée est satisfaite. Cette approche est pratique lorsqu'on ne sait pas à l'avance combien d'itérations seront nécessaires.

LES ORDRES CONDITIONNELS

Le if simple

```
if ( expression ) ordre
```

L'expression est évaluée pour voir si le résultat est non nul (VRAI). S'il est non nul, l'ordre est exécuté. Le débutant commet souvent l'erreur d'utiliser l'opérateur d'affectation = pour tester une égalité dans un test **if**, quand c'est le rôle qui revient à l'opérateur égal logique = =. L'opérateur = produit toujours un résultat vrai, et le compilateur n'émet pas de message d'erreur.

Le if else

```
if ( expression ) ordre else ordre
```

Si l'expression génère un résultat non nul, le premier ordre est exécuté, sinon c'est le second qui l'est. Un **else** sans ordre est parfois utilisé pour équilibrer des ordres **if-else** imbriqués.

Les if composés

Les ordres **if** et **if-else** peuvent se chaîner et/ou s'imbriquer dans toute combinaison raisonnable. Dans le cas de **if** imbriqués, les ordres **else** sont associés aux **if** les plus proches. Les **if** répétés tendent cependant à rendre indigeste le code, en particulier s'ils sont nombreux, comme dans le cas suivant :

```
if rouge
        goto stop;
if orange
        goto pause;
if vert
        goto roule;
```

Il vaut mieux traiter ces cas comme suit :

```
if rouge
        goto stop;
else
        if orange
                goto pause;
        else
                roule;
```

Les deux versions effectuent le même travail. Le plus souvent, un ordre **case** fera le travail encore mieux.

Le switch

```
switch ( expression ) ordre;
```

L'ordre **switch** transfère le contrôle à un ordre pris parmi une série d'ordres de même nature, au vu du résultat de **expression**. L'expression doit être soit entière, soit convertie en entier. Si son résultat correspond à la valeur d'une étiquette d'un des ordres **case** associés au **switch**, l'exécution passe alors par cet ordre particulier. Dans le cas contraire, elle passe à l'ordre suivant, à moins qu'une étiquette **default** ne soit prévue, auquel cas l'exécution passe par la série d'ordres suivant immédiatement cette étiquette.

Le case

```
case constante-expression : ordre(s);
```

Le **case** est en essence une étiquette cible pour le **switch**. La valeur du **case** doit être une constante entière. Le **case** ne peut se trouver qu'à la suite d'un **switch**. Les ordres qui le suivent peuvent être multiples. Dans ce cas, on parle de liste d'ordres. Une liste d'ordres doit se terminer par un **break;** sous peine de se prolonger dans le **case** suivant.

Voici un exemple de **case** utilisé dans le programme de driver d'imprimante (Figure 6.6) :

```
case SP:
        spflag = 1;
        break;
case '\n':
        emettre ('\r');
        emettre ('\n');
        impnbr (nligne++);
        emettre (':');
        emettre (' ');
        colno = 0;
        lignlibr--;
        break;
```

L'ordre default

Le **default** suit la liste des **case** et ne s'exécute que si aucune concordance n'a été trouvée entre l'expression du **switch** et les labels des **case**. On ne peut en trouver qu'un par **switch**.

```
switch (expression_entière)
        {
        case constante1:
                ordre 1;
                .
                .
                .
                ordren;
                break;
        case constante2:
                ordre;
                break;
                .
                .
                .
        case constanten:
                ordre;
                break;
        default:
                ordre(s);
        }
```

L'ordre while

C'est l'une des trois formes de boucles disponibles en C. Il a la forme :

```
while ( expression ) ordre;
```

Tant que l'expression est évaluée comme vraie (non nulle), les ordres qui la suivent sont exécutés. L'expression est testée *avant* que la suite d'ordres soit exécutée.

L'ordre do

La boucle **do** est de la forme :

```
do ordre(s) while ( expression )
```

L'ordre est répété jusqu'à ce que l'expression soit évaluée comme fausse. Le test a lieu *après* exécution de l'ordre.

L'ordre for

Le **for** est une structure de boucle indexée. Il a la forme :

```
for ( expression1 ; expression2 ; expression3 ) ordre(s)
```

ou

```
for ( initialisation ; test ; incrémentation ) ordre(s)
```

expression1 n'est évaluée qu'une seule fois, en début de boucle. **expression2** est évaluée à chaque itération. Si son résultat est non nul, la boucle continue. **expression3** est évaluée à chaque itération ; c'est en général un indice de boucle à incrémenter ou décrémenter. Une forme équivalente de la boucle **for** serait :

```
expression1;
while ( expression2 )
{
     ordre;
     expression3;
}
```

L'ordre break

Il provoque une sortie immédiate du **do**, **while**, **for** ou **switch** dans lequel il se trouve. L'exécution du programme reprend à l'ordre suivant le bloc d'ordres dont on sort. Si l'ordre est imbriqué, l'exécution passe de l'ordre imbriqué contenant le **break** au bloc d'ordres suivant. On pourra se référer au programme de driver d'imprimante pour trouver des applications de ces cas.

L'ordre continue

Le **continue** arrête le déroulement d'un processus de bouclage et renvoie en début de boucle.

```
while (.....)
{
     expression1;
     if ( ... )
          continue;
     expression2;
}
```

Dans l'exemple précédent, **expression1** est exécuté. Si l'expression du **if** donne un résultat vrai, le **continue** provoque un retour en début de boucle **while** puis à l'ordre **expression1**, sans passer par **expression2**.

L'ordre goto

Le **goto** possède la forme suivante :

```
goto identifieur:
```

Il provoque le transfert du contrôle du programme à l'ordre suivant l'identifieur.

Le label

Un ordre à **label** possède la forme :

```
label: ordre;
```

Le label sert de cible à un goto. Un label n'est qu'une forme particulière d'identifieur.

L'ordre return

Le return fait sortir le programme du bloc de fonction où il se trouve et rend la main au bloc d'appel de la fonction. Il est de la forme :

```
return;
```

ou

```
return (expression);
```

Si l'expression est présente, elle est évaluée et ramenée au type de donnée de la fonction avant d'être renvoyée, comme dans l'exemple suivant :

```
double puissance ( x , n )
int n;
float x;
        {
        float xf;
        for ( xf = 1 ; n > 0 ; − −n )
                xf ∗ = x;
        return ( xf);
        }
```

Dans cet exemple, on reçoit un entier et un flottant, et on renvoie un nombre en double précision.

Si on omet le return, C considère que toute fonction porte en elle un return implicite.

OPTIONS SPÉCIALES

Il existe de nombreux opérateurs très puissants qui ont tendance à se perdre au milieu des descriptions et définitions de la syntaxe de C. Comme ils sont trop précieux pour être passés sous silence, les voici, dans une rubrique particulière.

sizeof se comporte comme une fonction bien que ce soit un opérateur unaire. Il renvoie sous forme de valeur entière la taille de la variable ou expression entre parenthèses. Il a la forme :

    sizeof (expression)

CAST

En C comme dans beaucoup de langages, certaines conversions de données ont lieu automatiquement, alors que d'autres doivent être demandées. Le **cast** est l'opérateur qui *convertit* la valeur de l'expression sur laquelle il s'exerce dans le type de données spécifié dans sa parenthèse. Il a la forme :

    (nom_type) expression

Par exemple, si un nombre à virgule flottante devait être divisé par un indice de boucle, il serait divisé par un entier [3], alors que l'opération souhaitée est une division en **float**. On peut alors utiliser un **cast** pour convertir l'indice en **float** :

```
for ( i = 1 ; i < = limit ; i+ + )
    result = nbrfloat / (float )i;
```

Un usage classique du **cast** est le suivant :

    sqrt ((double) n)

La fonction **sqrt** (racine carrée) réclame un nombre en double précision. Le **cast** (**double**) n convertit n en double précision.

Le programmeur un peu expérimenté appréciera sans doute les exemples suivants de **cast**.

Un usage intéressant du **cast** est de convertir un pointeur de caractère en vue d'allouer le type de données requis par le programme.

    (int *) alloc (n...)

Les **cast** peuvent devenir quelque peu compliqués, comme dans :

```
( struct a*(*)())
```

qui ramène un pointeur au format requis par une fonction qui retourne un pointeur à une structure **a**.

Le **cast** est étudié en détail au Chapitre 14.

COMMANDES DE PRÉCOMPILATION

Le précompilateur traite certaines tâches avant que s'accomplisse la vraie compilation du programme. Il effectue tous les remplacements de constantes par leur vraie valeur, inclut tous les fichiers requis par la ligne d'en-tête, procède aux substitutions de fonctions définies par des macros, avant de permettre au compilateur de traduire le code source (programme) en code intermédiaire.

Pour se convaincre de l'utilité d'un précompilateur, on peut examiner le cas du langage RATFOR, un précompilateur qui traduit du code RATFOR en FORTRAN. RATFOR est un langage proche de C et qui ne ressemble en rien à FORTRAN. Le compilateur RATFOR est en fait un préprocesseur qui traduit du RATFOR, structuré et à l'image de C, dans le FORTRAN du pire aspect qui soit. L'intérêt est que le FORTRAN généré tourne quand même extrêmement vite et bien, et qu'il autorise de surcroît l'usage de chaînes, sinon inconnues de FORTRAN. Voilà qui donne un aperçu du potentiel de certains précompilateurs..

Lors de la compilation, le passage du précompilateur constitue le premier passage. Le précompilateur détecte le caractère #, lit la commande qui suit puis modifie le programme en conséquence.

Voici maintenant une liste des commandes du précompilateur.

```
#define identifieur chaîne_de_signes
```

Cette commande remplace chaque apparition de l'identifieur par la chaîne de signes. En pratique, on se sert de cette commande pour définir les constantes du programme. Lorsque le programme est transporté sur un autre site, il suffit de modifier les lignes de définition de constantes.

```
#undef identifieur
```

Cette commande *indéfinit* : elle annule la définition la plus récente de l'identifieur, afin qu'il puisse être redéfini.

```
#include "nomfichier"
#include < nomfichier >
```

Cette commande intègre le fichier **nomfichier** au devant du fichier de programme. Il évite d'avoir à frapper le contenu de **nomfichier** dans chaque programme qui en a besoin.

```
#ifdef identifieur
```

Cette commande lance une précompilation conditionnelle : si l'identifieur est vrai (non nul), tout le code compris entre **#ifdef** et **#endif** est traité.

```
#endif
```

marque la fin de la précompilation conditionnelle commencée à **#ifdef**.

```
#if expression
```

inclut le code qui suit l'ordre si l'expression est vraie.

```
#else
```

inclut ou exclut le code qui suit selon la logique du **#if**.

C, à proprement parler, est la somme de ce que nous avons vu dans ce chapitre, dans le Chapitre 2 sur les opérateurs et dans le Chapitre 3 sur les types de données et les classes de stockage. Le reste est considéré comme externe à C. Cependant, personne ne peut envisager sérieusement l'apprentissage de C en tant que langage de programmation sans le considérer dans son intégralité, avec, en particulier, sa vaste bibliothèque de fonctions. C'est la richesse de ces bibliothèques qui a transformé le langage conçu par Kernighan et Ritchie en un langage étendu et en développement continu. Elles sont l'objet du chapitre suivant.

II
LES FONCTIONS DE C

10. INTRODUCTION AUX FONCTIONS DE C
ET AUX BIBLIOTHÈQUES DE FONCTIONS

Contrairement à PL/1 ou FORTRAN, C n'a pas été standardisé par l'ANSI (Institut des Standards Nationaux Américains) ou d'autres organisations. L'ouvrage *The C Programming Language* de Kernighan et Ritchie est la référence absolue pour le langage C car il a été écrit par deux de ses principaux créateurs. Une définition précise de C apparaît dans l'Annexe A du livre, intitulée *Manuel de référence du C*. Ce manuel ne fait pas référence aux fonctions qui sont considérées comme externes à la définition du langage. Néanmoins, les fonctions énumérées dans l'ouvrage peuvent être utiles pour déterminer de combien une version donnée de C se rapproche de la définition d'origine du langage. La version de C fournie par Bell avec la version 7 d'UNIX est considérée comme le standard de référence pour C [1].

Les chapitres suivants donnent une vue générale des fonctions disponibles aujourd'hui sur les différents compilateurs 8 et 16 bits tournant sous UNIX, MS-DOS, CP/M, MP/M et autres systèmes. Seize compilateurs ont été examinés dans le cadre de cet ouvrage. Dans l'étude des versions 8 bits présentées, on devra garder à l'esprit que ces compilateurs sont fatalement des *sous-ensembles* de C. Tous ces sous-ensembles sont en accord avec la définition de Kernighan et Ritchie, mais comme ce sont des sous-ensembles et comme ils ne tournent pas sous UNIX, ils possèdent des formes qui leur sont propres. De la même façon, on tiendra compte du changement continu de l'industrie informatique. Avec l'apparition des ordinateurs personnels, le micro-ordinateur 8 bits avec son bus 8 bits et son adressage 16 bits est remplacé par des ordinateurs à bus de données sur 16 bits et à mots d'adresse de 24 à 32 bits. Les processeurs mathématiques évolués comme le Intel 8087 étendent plus loin les possibilités du micro-ordinateur en le rapprochant encore du mini-ordinateur. Voilà pour le futur, mais revenons au présent.

Il existe sur le marché de nombreuses versions de C dont la diversité apparaît clairement quand on compare leurs bibliothèques de fonctions. Contrairement aux autres langages, les fonctions de C ne sont pas partie intégrante du langage. Elles sont logées dans une *biblio-thèque de fonctions* et, en tant que groupe, elles sont appelées *fonctions de bibliothèque*. Lorsqu'on acquiert un compilateur C, est incluse une bibliothèque entière de fonctions. Celles-ci sont immédiatement accessibles et ne sont incluses dans les programmes que lorsque nécessaire, afin de permettre une compilation efficace. Pourquoi en effet ennuyer le compilateur avec des fonctions trigonométriques si on traite un programme de comptabilité ? Certaines versions de C possèdent plus de fonctions que d'autres et un rapide coup d'œil à la bibliothèque peut en dire long sur un compilateur. Le nombre de fonctions nécessaires varie avec chaque type d'application. Certaines applications se contenteront de quelques fonctions, quand d'autres ne pourront se satisfaire des bibliothèques les mieux fournies. Les versions de C dont les fonctions sont décrites dans les chapitres suivants sont listées ci-dessous :

C défini par Kernighan et Ritchie

C Digital Research (DRC)

C Computer Innovations (CI-86)

C Microsoft

C BD Systems (CBDS)

Q/C

CW/C

C/80

C Aztec II

C InfoSoft

C DeSmet

Tiny-C

C SuperSoft

C Whitesmiths

C Telecon Systems

C C-Systems

Ont été listées les fonctions communes à la plupart des versions de C. Celles qui n'apparaissaient que dans une ou deux versions ont été passées sous silence. Comme C est un langage extensible et en pleine croissance, de nouvelles fonctions voient le jour avec chaque nouvelle version.

Les descriptions de fonctions présentées ici sont fournies uniquement en guise de référence et ne peuvent se substituer à celles d'un manuel. Les fonctions varient de version à version et d'un auteur à l'autre, et il se peut que tel ou tel compilateur utilise avec une fonction donnée un paramètre qui lui est propre. Seul le manuel du compilateur utilisé est à prendre en compte au moment de l'écriture de code. Le compilateur utilisé et sa bibliothèque de fonctions seront seuls juges de la validité du code écrit...

Contrairement à la plupart des autres langages, le code source des fonctions de bibliothèque est en général fourni avec la disquette d'installation du compilateur. Si le programmeur comprend mal le rôle d'une fonction, il peut en lister le code source afin de l'étudier. La plupart des fonctions ont été commentées par Kernighan et Ritchie et sont assez faciles à comprendre. Les autres sembleront un peu ésotériques à qui n'est pas habitué aux structures et listes de données.

Un des attraits de C est la facilité avec laquelle on peut ajouter des fonctions à la bibliothèque. Les fonctions peuvent aussi être réécrites, pratique courante chez les programmeurs purs et durs. A ce sujet, on doit savoir que nombre d'entre elles, comme celles de SuperSoft, sont protégées par Copyright. La plupart des fonctions appartiennent néanmoins au domaine public et peuvent être utilisées par tous.

Les versions 8 bits de C ont suivi d'aussi près que possible les fonctions présentées par Kernighan et Ritchie mais, du fait de leurs limites intrinsèques, de nombreuses imperfections se ressentent encore sur ces compilateurs. Le C initial a été conçu pour tourner sur des machines à mots d'au moins 16 bits. Cela est très flagrant lorsqu'on rencontre des options comme les entiers longs et courts (qui requièrent plus de registres du CPU, ou des registres plus vastes) qui dépendent beaucoup de l'implantation machine. Néanmoins, certains auteurs de compilateurs ont implémenté C avec succès sur de petites machines, en lui faisant une coupe sur mesure pour les faibles capacités de stockage du micro. Certaines fonctions ont dû être simplifiées pour s'adapter à l'environnement 8 bits, mais d'autres ont été améliorées et de nombreuses fonctions très utiles ont été créées.

Le C BDS est sur le marché depuis si longtemps qu'il s'est taillé une réputation à part. Pour de nombreux utilisateurs de C, il passe pour le *seul* C. Beaucoup de logiciels ont été écrits en C BDS. De nombreux producteurs de compilateurs, comme Computer Innovations (16 bits) et SuperSoft (8 bits), se sont donné beaucoup de mal pour assurer un haut niveau de compatibilité entre leurs produits et ceux de BDS et de Kernighan et Ritchie. En fait, la plupart des programmes compilés en C BDS ou C SuperSoft sont compatibles en ne modifiant que le fichier en-tête du code source.

Il existe une grande variété parmi les compilateurs C, qui sont présentés en détail au Chapitre 16. La version 8 bits du C Whitesmiths est la plus proche du C UNIX 7, parmi les compilateurs 8 bits disponibles aujourd'hui. Elle possède deux bibliothèques de fonctions, une qui émule le C UNIX 7, et une seconde qui lui est propre.

Il existe aussi de nombreuses implémentations à petite échelle de C, basées pour la plupart sur Tiny-C, qui possèdent à la fois une version interprétée et une version compilée. Parmi ces dérivés, on trouve Small-C, Small-C Plus, CW/C, Q/C, le C InfoSoft et C/80. La plupart ne traitent que des données entières.

Parmi les produits plus consistants, on trouve les C SuperSoft, Telecon Systems et Aztec II. Certains supportent alors les flottants en plus des entiers.

Dans les versions pour 16 bits, on trouve le C de Digital Research, totalement équivalent au C UNIX 7, le CI-86 de Computer Innovations, dont le cœur est UNIX à quelques différences près, le C Micro-Soft (très près aussi de UNIX), le C Telecon et le C DeSmet (un C étonnamment complet pour un prix aussi bas).

FONCTIONS DE BIBLIOTHÈQUE ET BIBLIOTHÈQUE DE FONCTIONS

Tout disque d'installation de C possède une bibliothèque de fonctions standard. C'est elle qui renferme toutes les fonctions qui contribuent à former le C *standard*. Beaucoup de versions fournissent les bibliothèques sous forme de code relogeable et de code source. Le code relogeable y a déjà été compilé en un code intermédiaire qui pourra plus tard être linké avec un programme principal pour former le code objet final de ce programme.

Après avoir programmé quelque temps en C, on s'aperçoit qu'on est continuellement en train de retaper les fonctions qu'on a créées ou empruntées. On finit alors par se demander pourquoi les fonctions ne font pas partie de la bibliothèque. C'est en effet bien là qu'elles devraient se trouver. Inclure dans une bibliothèque des fonctions personnalisées est une pratique courante. Cela peut se faire de plusieurs manières, dont deux sont présentées ci-dessous.

AJOUT D'UNE FONCTION AU CODE SOURCE DE LA BIBLIOTHÈQUE PRINCIPALE

Une des méthodes envisageables est d'employer l'éditeur de texte pour créer le code source à destination de la bibliothèque. Les nouvelles fonctions sont donc rajoutées par simple frappe au niveau du code source de la bibliothèque. Il faut donc ensuite recompiler le code source de la bibliothèque. Plus tard, les nouvelles fonctions pourront être incorporées à des codes objet, après linkage de la bibliothèque par l'éditeur de liens. Cette technique ne doit pas être abordée à la légère. Mieux vaut d'abord se familiariser avec le code source de la bibliothèque avant de la compléter ou de la modifier.

AJOUT DE FONCTIONS À L'AIDE D'UN BIBLIOTHÉCAIRE

On trouve dans de nombreuses versions de C un utilitaire appelé le *bibliothécaire (Librarian)*, qui permet au programmeur de manipuler le code intermédiaire de la bibliothèque. Grâce à lui, on peut transférer, allonger, renommer et effacer des fonctions. Ces utilitaires sont extrêmement variés et seule la documentation du produit peut renseigner sur son mode d'emploi.

L'ÉCRITURE DE FONCTIONS DE BIBLIOTHÈQUE

Les fonctions destinées à la bibliothèque ne sont pas très différentes de celles qu'on crée dans les programmes. La seule différence notable — et elle n'est pas systématique — est que la fonction entière doit être déclarée selon son type de donnée. Par exemple :

```
int min ( a , b )
{
        return ( a < = b ) ? a : b;
}
```

La fonction **min**, qui renvoie le plus petit de deux entiers, examine les valeurs des paramètres **a** et **b**. Grâce à l'expression conditionnelle, **min** renvoie **a** s'il est inférieur ou égal à **b** ; sinon elle renvoie **b**. La fonction complète doit être déclarée entière par

```
int min ( a , b );
```

ce qui indique que la valeur passée par **min** est entière.

Autre exemple de déclaration de fonction :

```
int isupper ( c );
char c;
{
        return c > = 'A' && c < = 'Z';
}
```

Là encore, la fonction est déclarée entière, car la valeur retournée par **isupper** sera égale à 1 (vrai) ou à 0 (faux). L'ordre :

```
c > = 'A' && c < = 'Z'
```

est booléen par nature puisqu'il ne peut être que vrai ou faux. C'est ce type de réponse qui sera renvoyé. **isupper** est décrite au Chapitre 12 dans la présentation des fonctions de chaînes.

Les lignes :

```
int isupper ( c );
char c;
```

constituent le code de la fonction jusqu'aux déclarations de paramètres comprises. Cela permet d'entrevoir ce que la fonction reçoit et émet.

Les ordres et les opérateurs constituent l'âme et le cœur de C. Les fonctions n'en sont que les bras. Ce sont elles qui ont transformé C en un produit étendu et universellement reconnu. Le rajout de bibliothèques de fonctions ou de fonctions à ces bibliothèques peut modifier complètement la nature d'un environnement C. Avec le concours des fonctions transcendantes, des fonctions trigonométriques, logarithmiques et exponentielles résultantes, C prend la *bosse des maths*. Avec une bibliothèque munie de la fonction **picture**, qui formate les sorties numériques du driver d'imprimante, C devient un langage d'applications de gestion.

La modification des bibliothèques de fonctions et la création de fichiers en-tête personnalisés permettent toutes deux d'améliorer C. Elles visent à adapter le mieux possible C aux besoins de son utilisateur. Comme C est extensible et malléable, il peut s'adapter à tout besoin particulier.

LES FONCTIONS

Les chapitres suivants abordent les différentes fonctions, catégorie par catégorie. Les fonctions de fichiers y ont été omises, pour avoir été traitées aux Chapitres 6 et 7. Le Chapitre 11 passe en revue les fonctions propres au système, y compris celles particulières à UNIX 7. Les Chapitres 12 et 13 concernent respectivement les fonctions de chaînes et celles de gestion de la mémoire. Le Chapitre 14 couvre les fonctions mathématiques et quelques fonctions diverses.

11. LES FONCTIONS PROPRES AUX SYSTÈMES

De nombreuses fonctions ont pour rôle spécifique de permettre l'interface entre les programmes et le système d'exploitation hôte. On dit de C que c'est un langage système à cause de la facilité qu'il a d'utiliser les primitives des systèmes d'exploitation [1], ce qui est la marque d'un véritable langage système. Cette particularité est si intéressante qu'elle mérite qu'on s'y arrête. Le programmeur qui accède à C via un langage évolué, comme BASIC ou Pascal, n'est pas forcément conscient des possibilités de la programmation au niveau système. Il s'agit d'un monde à part, qui offre beaucoup de puissance de programmation.

Considérons un programme qui envoie le caractère saut de page (12 décimal en ASCII) à une imprimante, afin que la ligne de pointillé soit toujours positionnée juste au-dessus de la tête d'écriture.

```
/*
    SP.C
*/

main ()
{
    bdos ( 5 , 12 )
}
```

C'est tout ce qu'il faut en C. La ligne de programme **bdos (5 , 12)** est un appel direct au système, que nous allons commenter brièvement. Sans le recours à un appel système, il faut passer par un programme du type :

```
/*
    SP.C numéro 2
*/
main ()
{
int fd;
char *pfich;
```

```
        strcpy ( pfich , "PTR:");
        if ( ( fd = open ( pfich , "w" ) = = 0 )
        {
                printf (" Imprimante pas prête ");
                exit ();
        }
    fputc ( ' \f' , fd );
    close ( fd );
    }
```

Les deux programmes accomplissent le même travail, l'envoi d'un
saut de page à une imprimante. C'est dans la taille et l'apparence
du code qu'ils diffèrent.

Le second programme doit appeler plusieurs fonctions, ce qui ral-
longe son code. Il en résulte un programme d'environ 8 K une fois
compilé. Le premier programme choisit un itinéraire plus direct, qui
montre l'intérêt des appels système. L'appel émis dans la version 1
de SP.C, bdos (5 , 12), demande au système d'exploitation (en l'occurrence MS-DOS) d'exécuter la fonction n° 5 du BDOS, fonction
qui émet un caractère vers l'imprimante. Le caractère envoyé est celui
de valeur décimale 12 dans le code ASCII, le saut de page.

LES FONCTIONS DU BDOS

Ainsi donc, certaines des opérations qu'on a l'habitude de programmer peuvent être exécutées plus efficacement par le *Basic Disk Operating System* (BDOS) de MS-DOS, CP/M ou MP/M. C'est la façon
la plus rapide d'entrer en contact avec le système d'exploitation. L'ordre d'appel aux fonctions du BDOS est bdos(). Il opère en plaçant
dans le registre approprié du CPU — le registre AH en l'occurrence —
le numéro de la fonction souhaitée. L'argument éventuel d'un appel
est placé dans le registre D (8080) ou DL (8086).

```
    int bdos ( c , de )
        int c , de;
```

Le BDOS permet des appels directs au BIOS. Après avoir placé la
valeur **c** dans le registre DL, il appelle le vecteur d'interruption 21
de MS-DOS (ou l'équivalent de CP/M). La valeur retournée est le mot
machine présent dans le registre AX.

APPELS SYSTÈME CLASSÉS
PAR ORDRE NUMÉRIQUE

Le numéro de chaque fonction est donné en hexadécimal, en regard de sa description.

Objet	Fonction
Fin de programme sans transmission de code d'erreur	INT 20H
Lecture de CX secteurs du disque dans DS:BX	INT 25H
Écriture de CX secteurs du disque dans DS:BX	INT 26H
Fin d'exécution, maintien du programme résident	INT 27H

Les appels aux fonctions suivantes s'effectuent tous sous l'interruption 21H. Le numéro de fonction est passé dans le registre AH. Les descriptions données pour le clavier et l'écran s'appliquent également, dans la version 2, à toute autre unité standard d'entrée et de sortie.

Objet	Fonction
Fin de programme sans transmission de code d'erreur	00H
Entrée clavier avec détection d'interruption utilisateur	01H
Sortie écran avec détection d'interruption utilisateur	02H
Attente d'entrée d'un caractère sur le port série	03H
Sortie d'un caractère en DL sur le port série	04H
Sortie d'un caractère en DL sur l'imprimante	05H
Sortie écran sans détection d'interruption utilisateur	06H
Tentative d'entrée à partir du clavier (si DL = DF)	06H
Entrée clavier, sans écho ni détection d'interruption utilisateur	07H
Entrée clavier, sans écho mais avec détection d'interrup-—tion utilisateur	08H
Affichage d'une chaîne de caractères à l'écran	09H
Lecture d'une chaîne de caractères dans DS:DX + 2 à partir du clavier	0AH
Vérification d'état du clavier (AL = FF si un caractère est en attente)	0BH
Réinitialisation du tampon clavier, appel des fonctions 1, 6, 7, 8 ou A ci-dessus	0CH

Objet	Fonction
Réinitialisation du disque ; transfert des tampons disque	0DH
Sélection de l'unité de disque par défaut	0EH
Ouverture d'un fichier	0FH
Fermeture d'un fichier	10H
Recherche de la première entrée dans un répertoire	11H
Recherche de l'entrée suivante dans un répertoire	12H
Destruction d'un fichier	13H
Lecture d'un enregistrement	14H
Écriture d'un enregistrement	15H
Création d'un fichier	16H
Changement de nom d'un fichier	17H
Lecture du numéro de l'unité de disque par défaut	19H
Positionnement de l'adresse tampon du disque (DTA)	1AH
Adresse du tableau d'allocation	1BH
Adresse du tableau d'allocation spécifique aux unités disque	1CH
Lecture d'un seul enregistrement	21H
Écriture d'un seul enregistrement	22H
Lecture de la taille d'un fichier	23H
Positionnement du champ d'enregistrement aléatoire dans un FCB	24H
Positionnement d'un vecteur d'interruption	25H
Création de nouvelles instructions de programme	26H
Lecture de plusieurs enregistrements	27H
Écriture de plusieurs enregistrements	28H
Changement de la taille d'un fichier	28H,CX = 0
Analyse d'un nom de fichier	29H
Lecture de la date dans CX:DX	2AH
Écriture de la date dans CX:DX	2BH
Lecture de l'heure dans CX:DX	2CH
Écriture de l'heure dans CX:DX	2DH
Positionnement de l'indicateur de lecture de vérification après écriture	2EH
Lecture de l'adresse tampon du disque (V2)	2FH
Lecture du numéro de version (0 pour les versions antérieures à 2.0)	30H
Arrêt, maintien du programme résident (KEEP) (V2)	31H
Contrôle du niveau de détection du Ctrl-Break	33H
Lecture de la valeur d'un vecteur d'interruption (V2)	35H

Objet	Fonction
Lecture des paramètres du disque (mémoire libre, etc.) (V2)	36H
Lecture du symbole d'unité monétaire, du format de la date, etc.	38H
Création d'un répertoire (V2)	39H
Destruction d'un répertoire (V2)	3AH
Transfert sur un autre répertoire (V2)	3BH
Création d'un fichier (V2)	3CH
Ouverture d'un fichier (V2)	3DH
Fermeture d'un fichier (V2)	3EH
Lecture dans le tampon DS:DX, de CX caractères d'un fichier ou d'une unité (V2)	3FH
Écriture de CX caractères du tampon d'adresse DS:DX dans un fichier ou sur une unité (V2)	40H
Suppression d'un fichier (V2)	41H
Positionnement à l'intérieur d'un fichier (V2)	42H
Lecture/positionnement d'un attribut de fichier (V2)	43H
Contrôle E/S, AL définit la sous-fonction (V2)	44H
Obtention d'un autre nom interne pour le même fichier (V2)	45H
Changement du fichier associé à un numéro interne (V2)	46H
Lecture du répertoire courant (V2)	47H
Allocation de BX paragraphes (V2)	48H
Libération d'un bloc alloué (segment dans ES) (V2)	49H
Changement de la taille d'un bloc mémoire alloué (V2)	4AH
Exécution (ou chargement) d'un programme/processus (V2)	4BH
Fin d'exécution d'un processus (EXIT) avec retour du code de fin (V2)	4CH
Lecture du compte rendu d'un processus achevé (V2)	4DH
Recherche de la première entrée (V2)	4EH
Recherche de l'entrée suivante (V2)	4FH
État de l'indicateur de lecture de vérification (V2)	54H
Changement du nom d'un fichier (V2)	56H
Lecture et positionnement de la date et de l'heure associées à un fichier (V2)	57H

Les différentes versions de C n'utilisent pas toutes les mêmes fonctions BDOS. Le C Whitesmiths utilise une fonction dite CPM de forme **cpm (bc , be , hl)**. Le registre HL n'est utilisé que par CDOS, un dérivé de la version 1.3 de CP/M. Il existe d'autres variations sur ce thème, comme les **bios (n , c)** et **bios (n , bc , de)** du C BDS.

Tous ces appels au système opèrent de la même manière, en plaçant le numéro d'appel approprié dans le registre approprié, puis l'octet éventuel de donnée dans son registre, et en appelant ensuite l'adresse système pour obtenir du système d'exploitation les résultats voulus.

LA FONCTION SYSTEM

La programmation au niveau système sous MS-DOS ou CP/M est relativement complexe car elle exige la compréhension du langage assembleur, des registres CPU et des adresses absolues de saut des systèmes. L'utilisation de C en programmation système rend inutile une connaissance intime de l'assembleur et de la machine. La plupart des appels système peuvent être placés avec une connaissance très minime des systèmes d'exploitation. UNIX, de son côté, ne réclame *aucune* connaissance de la programmation en assembleur, car son approche des appels système est bien plus simple. La fonction d'appel système est **system**, qui opère en plaçant une chaîne décrivant la commande désirée comme argument de la fonction, comme dans l'exemple suivant :

```
' system ("date");'
```

Il s'agit de la fonction date d'UNIX, qui retourne la date (mm/jj/aa) depuis l'horloge système. Les appels système sous UNIX sont très spécifiques au système UNIX local, et on doit consulter attentivement le manuel d'utilisation avant d'effectuer un appel quelconque.

Les demandes de statut sont parmi les appels de fonctions UNIX les plus courants.

    du   Liste le total de l'espace utilisé par les fichiers dans la hiérarchie de la structure de fichier.

tty	Affiche le nom du port auquel le terminal de l'opérateur est relié.
who	Affiche les noms des personnes répertoriées par le système.
ps	Rend compte de l'activité en cours du système.
pwd	Liste le nom du répertoire de travail.

Avec la montée en puissance des micros, la distinction entre mini et micro-ordinateur s'affaiblit. Si les micros 8 bits sont encore très nombreux, les 16 bits sont de plus en plus courants. Les versions récentes des systèmes MS-DOS, CP/M, MP/M, etc., se rapprochent d'UNIX, en particulier lorsqu'elles sont étoffées par les fabricants de matériels. Ainsi, Gifford Computer Systems possède une très bonne implémentation de MP/M, dite MP/M 8-16, qui possède de nombreuses particularités d'UNIX, comme les *noyaux* individuels pour gérer chaque zone d'utilisateur. Des utilitaires de type UNIX, comme MicroShell, qui offrent de nombreuses options complètes du Shell [2] d'UNIX sont déjà disponibles sous MS-DOS et CP/M. Ainsi, la famille des systèmes d'exploitation MS-DOS et CP/M se rapproche petit à petit d'UNIX. Digital Research possède son propre C pour ses développements au niveau système, et tout travail futur de développement y sera fait en C, plaçant les utilitaires et systèmes d'exploitation à venir dans le même langage de développement qu'UNIX. Cela facilite aussi le passage à la série 68000 de processeurs, passage déjà amorcé avec CP/M 68 K et de nombreuses versions 68 K d'UNIX. Comme les systèmes de micros se rapprochent de plus en plus des systèmes de minis, il est difficile de prévoir ce que l'avenir nous réserve dans ce domaine. Le prix a toujours été le gros atout des micros. Si, un jour, des super-micros peuvent rivaliser avec des minis, on peut se demander si certains systèmes d'exploitation de minis ne s'adapteront pas pour devenir compatibles micro.

FONCTIONS SYSTÈME D'UNIX ET DE SES ASSIMILÉS

Les fonctions de cette section sont assez variées. Elles ont cependant deux choses en commun : ce sont des fonctions d'UNIX et elles interfacent avec le système. Beaucoup d'entre elles sont aussi supportées par MS-DOS et CP/M.

LA FONCTION ACCESS

La fonction **access** vérifie si le programme appelant peut avoir accès à un fichier particulier. Bien que sous CP/M et sous MS-DOS tout fichier soit théoriquement accessible s'il existe, il se peut qu'il ne le soit pas s'il a été déclaré comme fichier système. La fonction envoie un 0 si l'accès est autorisé, sinon elle renvoie un − 1 signifiant erreur.

```
int access (nom, mode)
    char *nom;
    int mode;
```

La fonction **access** teste quatre modes d'accès :

    4   Teste l'accès en lecture.
    3   Teste l'accès en écriture.
    1   Teste l'accès en exécution.
    0   Teste l'accès au répertoire.

Les versions de CP/M ignorent le mode 0.

LA FAMILLE DE FONCTIONS EN CH

Tous les systèmes multipostes et de nombreux systèmes monopostes offrent des protections de fichiers et d'enregistrements. D'autres protections sont offertes pour l'accès au système complet ou pour des lecteurs de disques spécifiques. Certains offrent même des protections de certains champs d'enregistrements. La famille des fonctions **ch** permet à l'utilisateur de changer le mode de protection de fichier [3].

chmod

La fonction **chmod** modifie le statut des accès (autorisations) sur les fichiers système. En tant qu'appel système (sous UNIX), il n'est exécutable que par le gestionnaire du système.

```
int chmod(nom, mode)
    char *nom;
    int mode;
```

chown

chown change l'identification du propriétaire d'un fichier.

```
int chown ( mode, propri, group)
   int mode;
   int propri;
   int group;
```

LES FONCTIONS EXIT

On doit prévoir pour tout programme une fin d'exécution et le passage du contrôle au système d'exploitation. C'est le rôle que joue la fonction **exit**, qui n'est toutefois pas aussi simple qu'on le croit. Il ne suffit pas de retourner au système : les fichiers ouverts doivent être fermés et la mémoire allouée au programme doit être rendue. Si on a utilisé des fichiers bufferisés, ils doivent être nettoyés pour garantir que toute donnée a été écrite sur disque avant la fermeture du fichier. On peut aussi souhaiter laisser des fichiers délibérément ouverts, afin de *chaîner* un programme à un autre sans perdre de données. Cela est possible et c'est pour cela qu'existent deux fonctions, **exit** et **_exit**.

exit

La fonction **exit** rend le contrôle au système d'exploitation après avoir fermé tous les fichiers ouverts. La plupart des versions vident aussi les buffers des fichiers bufferisés. Sous UNIX, cette fonction reçoit des arguments dépendant du système. La plupart des versions ne renvoient aucune valeur, mais certaines de type UNIX retournent une valeur non nulle pour signaler une fin d'opération anormale.

```
int exit ( valeur )
   int valeur;
```

_exit

La fonction **_exit** rend la main au système d'exploitation sans fermer les fichiers ouverts ni nettoyer les buffers de fichiers.

```
int _exit ( valeur )
    int valeur;
```

Dans des conditions normales de programmation, on utilise la fonction exit. La fonction **_exit** est utile pour la mise au point, car elle laisse les données en l'état à la fin du programme. Elle permet aussi le chaînage d'un programme à un autre, au sens où des programmes BASIC sont chaînés grâce à des COMMON (une commande du BASIC Microsoft version 5, qui permet à un programme d'en lancer un autre en gardant les variables communes aux deux programmes). Le programmeur doit naturellement s'assurer que les données sont transmises et réceptionnées.

LES FONCTIONS DE PROTECTION DU MOT DE PASSE

Lorsque les programmes opèrent dans un environnement multiposte, des conflits entre utilisateurs sont inévitables. Une tâche aussi simple que la mise à jour d'un enregistrement peut poser un problème si un autre utilisateur accède en même temps à cet enregistrement, au moment où il est mis à jour. Pour régler de tels problèmes, les langages et systèmes travaillent ensemble pour verrouiller les fichiers et enregistrements afin d'éviter les accès indésirables. L'accès à des programmes de données par des personnes qui n'ont aucune raison de les connaître pose un autre problème dans les environnements multipostes. Des sabotages délibérés, pour quelque raison que ce soit, sont aussi possibles. Pour éviter des accès interdits aux process, les systèmes d'exploitation (UNIX, MP/M) et le langage C protègent les mots de passe.

getpass

La fonction **getpass** place le message **prompt** à l'écran. Elle lit ensuite le mot de passe sans renvoyer ce qu'elle saisit en écho à l'écran. Le mot de passe est une chaîne conventionnelle, terminée par le caractère nul, et dont la longueur maximale est définie par le système (8 caractères sous MS-DOS, CP/M et UNIX). La fonction retourne alors un pointeur vers le mot de passe.

LES FONCTIONS DE MESSAGES D'ERREUR

Lorsqu'on a fini de mettre au point un nouveau programme, et qu'il se compile sans erreur, on n'est pas encore assuré de son bon fonctionnement. On n'exécute souvent un programme fraîchement compilé que pour le voir s'arrêter à mi-chemin, à cause d'une erreur de code. Ces erreurs sont dites erreurs à l'exécution *(run-time errors)*. La plupart des langages placent automatiquement des messages d'erreur à l'écran en réaction à ce type de problème pour indiquer l'emplacement de l'erreur. Le C BDS possède quelques messages d'erreur colorés comme ''complètement déboussolé''. Malheureusement, la plupart des messages d'erreur sont totalement dénués d'humour. ''Lecture au-delà de EOF'' est le style habituel. La plupart sont souvent très ésotériques comme ''Erreur 43 à la ligne 12'', qui ne donne pas le moindre indice sur l'erreur commise. Il faut alors chercher l'erreur 43 dans le manuel, en plus de la recherche d'erreur dans le code. Une erreur d'exécution dans un nouveau programme est déjà frustrante, mais un message d'erreur mal exprimé, imprécis ou codé est décourageant. L'erreur est humaine, mais l'obtention d'un message d'erreur décent est divine. Peu de ceux qui l'ont pratiqué oublieront le *BDOS error on A :* des versions 1.8 et 2.2 de CP/M.

perror

stderr (qui signifie *Standard Error*) est le fichier standard de C dédié à l'affichage de messages d'erreur utilisables en cas de panne de programme. La fonction **perror** organise l'écriture des messages dans stderr.

```
perror (sptr)
    char *sptr;
```

La fonction **perror** retrouve la dernière erreur grâce à la variable externe **errno**, qui contient la dernière erreur transmise par le système d'exploitation. Les implémentations de C hors de l'environnement UNIX se contentent de simuler **errno**. Les messages d'erreur renvoyés par la fonction correspondent au numéro d'erreur. L'argument **sptr** est un pointeur vers la chaîne à afficher.

12. LES FONCTIONS DE CHAÎNES

On peut juger un langage au vu de ses fonctions de chaînes, car la capacité d'un langage informatique à traiter des chaînes renseigne bien sur ses utilisations possibles (à l'exception d'applications de programmation très spécialisées). C'est parce qu'il n'avait pas de fonctions de chaînes (ni d'ailleurs de types de données *chaîne*) que FORTRAN a perdu sa place parmi les langages d'application. RATFOR a été conçu pour pallier les défaillances de FORTRAN dans la manipulation de chaînes et pour imposer une certaine structuration du langage. Le code source de RATFOR ressemble beaucoup au code source de C. Il ne s'agit d'ailleurs pas d'une coïncidence, car C a été le modèle de RATFOR.

Il existe un autre aspect important sur l'aptitude des langages à manipuler des chaînes et dont la portée n'est pas immédiatement évidente. Un langage qui ne traite les chaînes qu'en tant que chaînes possède des inconvénients intrinsèques. Afin d'examiner ou de manipuler un caractère particulier, on doit avoir recours pour démonter la chaîne à des fonctions spécialisées telles que les LEFT$, RIGHT$, MID$ du BASIC, ou les **sous-strings** de PL/1. Ce problème ne se pose pas à C, car il ne traite jamais qu'un caractère à la fois. Un groupe de caractères, une chaîne, doit être traitée comme un tableau de type **char**. Le Pascal Jensen et Wirth (ISO) traite lui aussi les chaînes comme des tableaux de type caractère, mais c'est là que s'arrête la comparaison. Pascal ne permet pas de saisir une chaîne à partir d'un périphérique d'entrée sous forme de chaîne. Il ne spécifie pas non plus la longueur de cette chaîne, ni n'en marque la fin. En C, une chaîne est automatiquement bornée par un caractère nul, \0, par le système. Sa fin est donc toujours évidente. Encore plus important, C possède des fonctions et macros infiniment subtiles et variées pour entrer des chaînes dans le système. La fonction **gets** recueille une chaîne dans l'état même où elle est entrée. Les fonctions **scanf** formatent les entrées de chaînes aussi efficacement que PL/1, ce qui est une bonne référence.

LES FONCTIONS EN AT

Le but des fonctions **atoi**, **atof** et **atol** est de convertir des données alphanumériques (des caractères) en une forme numérique.

ATOI

Dans l'exemple suivant, la fonction **atoi** renvoie une valeur entière correspondant à la valeur de **chain**. La plupart des versions ignorent les blancs de début de chaîne ou les autres espaces, mais tolèrent un signe (+ ou −). Avec les fonctions **at**, la conversion se poursuit jusqu'à ce que tous les chiffres soient traités.

```
int atoi (chain)
    char *chain;
```

ATOF

Comme **atoi**, la fonction **atof** retourne la valeur numérique de la chaîne qu'on lui passe comme argument, mais le résultat qu'elle renvoie est de type double (nombre à virgule flottante en double précision). Les blancs du début de chaîne sont ignorés, mais pas les signes éventuels.

```
double atof (chain)
    char *chain;
```

ATOL

atol convertit une chaîne en sa valeur numérique, comme le fait **atoi**. Le nombre qu'elle retourne est un entier long. **atol** examine son argument et convertit chaque chiffre reconnaissable, jusqu'à ce que tous aient été traités.

```
long atol (chain)
    char *chain;
```

LA FONCTION INDEX

La fonction de chaîne **index** constitue à elle seule une classe à part. C'est une vraie fonction de chaîne au sens le plus général. Elle existe en PL/1 sous le nom **index**, et en Pascal sous le nom **pos**. Sur la plupart des BASIC, la fonction INSTR a un rôle équivalent. Elle indique la position de la première occurrence d'un caractère alphanumérique donné à l'intérieur d'une chaîne. Elle est donc très utile pour localiser une sous-chaîne en repérant la première apparition de son initiale.

```
char *index( chain , car )
        char *chain;
        char car;
```

LES FONCTIONS EN STR

Comme ce sont des tableaux de caractères, les chaînes de C posent un gros problème. C ne traite qu'un caractère à la fois, aussi les chaînes ne sont pas des entités simples mais des groupes de caractères. Cela signifie qu'elles ne peuvent être affectées les unes aux autres comme dans les autres langages. Des expressions du type :

```
chaine1 = chaine2;
```

sont illégales en C. Une condition similaire existe en Pascal pour la même raison. En Pascal, une chaîne ne peut être affectée à une autre que s'il s'agit de tableaux *conformes*, de mêmes dimensions et une déclaration de fonction spécifique. C règle ce problème grâce à des fonctions spécialisées dans le traitement de chaînes, fonctions dont le nom commence par **str**.

STRCAT

La fonction **strcat** concatène (rajoute) une chaîne à une autre. Comme pour presque toutes les fonctions de chaînes, **chain1** et **chain2** doivent être des pointeurs des chaînes (tableaux de caractères) à concaténer. La fonction **strcat** renvoie un pointeur vers la première chaîne.

```
char *strcat ( chain1, chain2 )
    char *chain1 , *chain2;
```

Certaines versions ne renvoient rien et sont de la forme :

```
char strcat ( chain1 , chain2 )
    char *chain1 , *chain2;
```

Il s'agit là d'une différence subtile mais importante. **char *strcat** autorise des expressions du type **ret** = **strcat** (chain1,chain2); où **ret** est un pointeur vers la chaîne concaténée créée par la fonction ; **ret** doit alors être déclaré en **char *ret;**.

STRNCAT

La fonction **strncat** est analogue à **strcat**, mais elle ne concatène que le nombre spécifié de caractères de la seconde chaîne **chain2**.

```
char *strncat ( chain1 , chain2 , n )
    char *chain1, *chain2, ret;
  int n;
```

STRCOMP

Comme nous l'avons vu, les chaînes ne peuvent pas être comparées directement en C, pas plus qu'elles ne peuvent être affectées directement, car C ne traite qu'un seul caractère à la fois. En conséquence, l'expression **if** (chain1 = = chain2) est illégale. Heureusement, une fonction de chaîne est fournie pour répondre aux besoins de comparaison de tableaux de caractères. La fonction **strcomp** compare les deux chaînes qu'on lui fournit comme arguments, **chain1** et **chain2**. Elle retourne −1 si **chain1** est inférieure (c'est-à-dire antérieure dans l'ordre alphabétique), 0 si les chaînes sont égales, et 1 si **chain1** est supérieure à **chain2**.

```
int strcomp ( chain1 , chain2 )
    char *chain1 , *chain2;
```

STRNCOMP

La fonction **strncomp** opère de la même façon que **strcomp**, mais elle ne compare que les n premiers caractères des chaînes qu'on lui soumet.

```
int strncomp ( chain1, chain2, n )
     char *chain1, *chain2;
     int n;
```

STRCPY

Il est illégal en C d'affecter une chaîne à une autre à l'aide de l'opérateur d'affectation. La fonction **strcpy** sert à *copier* une chaîne dans une autre. L'oubli de l'emploi de **strcpy**, ou les tentatives d'utilisation de = pour affecter une chaîne à une autre, sont parmi les erreurs les plus courantes du programmeur débutant en C.

La fonction **strcpy** effectue une copie de **chain2** à l'adresse du buffer de chaîne pointé par **chain1**.

```
char *strcpy ( chain1 , chain2 )
     char *chain1 , *chain2, *ret;
```

Dans la version ci-dessus, elle est le pointeur de la première chaîne ; dans la version suivante, c'est **chain1** qui joue ce rôle.

```
int strcpy ( chain1 , chain2 )
     char *chain1 , *chain2;
```

STRLEN

Aucun langage digne de ce nom ne peut exister sans une forme quelconque de fonction de longueur de chaîne. En C existe la fonction **strlen**, qui renvoie la longueur de la chaîne pointée par **chain**.

```
unsigned strlen (chain)
     char *chain;
```

LES FONCTIONS D'E/S FORMATÉES

La famille des fonctions de chaînes formatées mérite une attention particulière. Elle constitue un outil extrêmement puissant et économise beaucoup de temps et d'efforts au programmeur. Sans ces fonctions, il serait quasi impossible d'effectuer les tâches qu'elles permettent d'accomplir. La forme générale des paramètres transmis aux fonctions d'E/S est la suivante :

```
( format , arg1 , arg2 , ... , argn )
```

format est une expression chaîne comprenant des caractères de contrôle. La fonction de chaîne formatée remplace les caractères de contrôle par les arguments, dans l'ordre de leur liste. Les caractères **escape** spécifient le format, qui est analogue à ceux de FORTRAN ou de PL/1, mais avec une approche différente. La longueur de la chaîne émise et sa justification sont contrôlées par la séquence **escape**. Les caractères de conversion convertissent les arguments :

- d   Notation décimale.
- o   Octal.
- x   Hexadécimal.
- u   Décimal non signé.
- c   Caractère simple.
- s   Chaîne (terminée par un nul).
- e   **Flottant** ou **double** à convertir en exponentiel.
- f   **Flottant** ou **double** à convertir en décimal.
- g   Utiliser le plus court de %e ou %f (comme en FORTRAN).

La longueur des arguments convertis et leur justification sont contrôlées de façon numérique. Par exemple :

%32s   Affiche une chaîne de 32 caractères justifiée à droite avec des blancs en en-tête si la chaîne entrée fait moins de 32 caractères (33 avec le \0).

%32 − s   Affiche la chaîne justifiée à gauche et complétée à droite par des blancs si elle est plus courte que les 32 caractères spécifiés.

32.12s   Affiche un champ de 32 caractères dont la chaîne
          occupe les 12 positions de droite, en étant précédée
          de 20 blancs.

−32.12s   Affiche une chaîne de 12 caractères justifiée à gauche,
          dans un champ de 32 positions. Les 20 derniers carac-
          tères du champ sont des blancs.

Lorsqu'elles sont mises en œuvre, les fonctions formatées ont l'allure générale suivante :

    printf ("Nom du compte %s et numéro %d \n",nomcom,nbrcom);

LES SORTIES FORMATÉES - LA FAMILLE DES PRINTF

Il existe des fonctions d'E/S formatées pour communiquer avec la
console, les disques ou la mémoire. Elles comptent parmi les fonctions les plus puissantes de C. Parmi elles, les sorties formatées sont
traitées par le groupe des fonctions printf.

PRINTF

La fonction printf dirige ses sorties vers stdout, la sortie standard
(console). Sa fonction est de formater la chaîne à émettre en accord
avec les spécifications de formats insérées dans la chaîne et d'y substituer les variables mises à la suite de la chaîne.

La chaîne format contient les spécifications de conversion (caractère escape), qui doivent correspondre aux arguments en nombre
et en type. La plupart des versions de cette fonction ne renvoient rien,
sauf les versions les plus proches du C UNIX 7 (comme le C Digital
Research) qui renvoient soit le nombre de caractères émis, soit −1
en cas d'erreur.

    int printf (format , arg1 , arg2 , ... , argn)

FPRINTF

fprintf est la version bufferisée de la fonction printf. Elle permet d'envoyer des données formatées à tout fichier (ou périphérique). Comme

il s'agit d'une fonction de fichier bufferisé, celui-ci doit être ouvert en mode ASCII.

stream est le pointeur du fichier ouvert en sortie, ou vers les valeurs particulières **stdout** (sortie standard) ou **stderr** (erreur standard). A l'exception de l'argument supplémentaire **stream**, la syntaxe est la même que celle de **printf**.

```
int fprintf (stream, format, arg1, arg2, ..., argn)
    FILE *stream;
    char *format;
```

La plupart du temps, la fonction **fprintf** sert à formater les sorties sur fichiers bufferisés. Elle permet un formatage précis et élimine le besoin d'un reformatage lorsque les données sont récupérées dans le fichier pour une sortie ultérieure. Tout comme **printf** dans les versions les plus proches d'UNIX, **fprintf** renvoie le nombre de caractères écrits. En cas d'erreur, elle renvoie −1.

SPRINTF

Cette fonction formate les sorties avant de les écrire en mémoire. **chain** est le buffer où le résultat de **sprintf** doit être stocké. Comme pour les autres fonctions de la famille, les arguments sont formatés au vu des spécifications contenues dans **format**.

```
int sprintf (chain, format, arg1, arg2, ..., argn)
    char *chain;
    char *format;
```

Les fonctions **sprintf** les plus proches d'UNIX renvoient un pointeur vers le buffer de chaîne où les données ont été placées. La plupart des versions ne renvoient rien, ce qui n'est pas un gros problème : un programmeur capable de déclarer la chaîne sera très certainement capable de placer un pointeur sur le buffer de cette chaîne.

sprintf formate ses sorties avant de les écrire en mémoire. Son utilité n'est pas toujours perçue à la première lecture. On a la même possibilité de formater des données à destination de la mémoire que celles à destination du disque. Aussi, une fois stockées en mémoire sous le bon format, n'est-il pas nécessaire de reformater les données lors des sorties.

C offre beaucoup de possibilités de gestion de la mémoire par ses fonctions **alloc, calloc** et **malloc**. Des zones de stockage peuvent être créées ou libérées selon les besoins du programmeur. Grâce à ce type d'allocation dynamique de mémoire, tout un monde de structures de données s'ouvre au programmeur. Des structures d'arbre binaire, des listes linkées à une ou deux voies, des listes linkées circulaires et toutes sortes de techniques sophistiquées de gestion mémoire sont accessibles au programmeur au prix de leur apprentissage. Mais avant d'utiliser efficacement ce potentiel, le programmeur doit d'abord formater les données à stocker.

Que les données aboutissent en mémoire ou dans un fichier, on doit toujours les considérer comme un enregistrement. Les valeurs individuelles, qu'il s'agisse de variables ou de constantes dans le programme, sont des champs d'enregistrement au moment du stockage. La raison en est que si les données sont stockées comme elles sont reçues, elles seront mises bout à bout. Les trois champs

```
Jean Martin
1, rue nationale
69400 villefranche
```

seront stockés sous la forme :

```
Jean Martin1, rue nationale69400villefranche
```

Il est quasi impossible de trier un tel enregistrement. Si les champs du nom, de la rue et de la ville sont formatés avec une longueur connue et des blancs à droite, on peut les distinguer facilement à la lecture de l'enregistrement. Si les espaces additionnels de fin de champ sont indésirables, on peut rajouter un saut de ligne à la fin de chaque champ, au moment du stockage. Les fonctions de sorties formatées **sprintf** et **fprintf** permettent toutes ces options.

LES ENTRÉES FORMATÉES · LA FAMILLE DES SCANF

La règle de base des E/S en C est que toute E/S porte sur des données de type caractère. Qu'est-ce que cela signifie ? Les caractères vont et viennent à partir de **stdin** (entrée standard) et **stdout** (sortie standard) sous forme d'entiers courts non signés. Dans le cas du code ASCII, les entiers vont de 0 à 127 (base 10). Mais comme toutes les entrées sont sous forme de caractères, comment rentrer des valeurs numériques ?

La famille des fonctions **scanf** apporte une réponse à ce problème. Le format attendu est spécifié par la fonction à l'intérieur du programme, et lorsque les données sont entrées, elles sont converties de l'état caractère au format spécifié par les fonctions **scanf**. Dans cette famille aussi, on trouve trois versions : **scanf**, **fscanf** et **sscanf**.

scanf est utilisée pour les entrées standard au clavier, **fscanf** pour les entrées fichier, et **sscanf** pour les lectures mémoire. Il existe une grande similitude entre les syntaxes des fonctions **printf** et **scanf**.

SCANF

scanf lit une entrée dans **stdin** (entrée standard) et convertit les données obtenues dans les arguments indiqués au moyen de la chaîne de formatage.

```
scanf (format, arg1, arg2, ..., argn)
    char *format;
```

Les arguments **arg1**, **arg2**, etc., doivent être déclarés dans le type voulu. Lorsqu'on utilise **scanf** ou les fonctions assimilées, on doit garder à l'esprit que les arguments *doivent* être des pointeurs. Ils peuvent être des pointeurs de tout type adapté au format, mais ils doivent être des pointeurs. Pour les chaînes, la conversion est quasi automatique car le nom de la chaîne est en fait un pointeur vers le premier élément du tableau de caractères. Avec tout autre type de données, y compris les *pointeurs*, on doit s'assurer que la valeur utilisée comme argument est un *pointeur* vers l'argument et non pas la valeur elle-même. Si le type de données est pointeur, la valeur doit être un pointeur de pointeur. Lorsqu'on construit des structures de données du type arbre ou liste, chaque enregistrement stocké est appelé un *nœud*. Chacun d'eux contient un ou plusieurs pointeurs, qui pointent vers le nœud suivant ou précédent. On doit créer un pointeur de pointeur pour les stocker en passant celui-ci comme argument d'une fonction **scanf**.

FSCANF

fscanf lit des caractères dans le buffer d'un fichier (fichier disque ou périphérique) ouvert en E/S ASCII. Il les interprète ensuite en fonction des caractères de contrôle de la chaîne de format, puis les stocke à l'adresse spécifiée par les arguments. On voit donc bien pourquoi les arguments doivent être des pointeurs.

```
int fscanf (stream, format, arg1, arg2, ..., argn)
    FILE *stream;
    char *format;
    (type quelconque) *args;
```

SSCANF

La fonction sscanf lit et formate ses entrées de la même façon que scanf. Dans son cas, l'entrée provient d'une chaîne stockée en mémoire, et en général du même buffer de chaîne que celui qu'un ordre sprinf a écrit. Là encore, les arguments doivent être des pointeurs, tout comme la chaîne et le format.

```
int sscanf (chain, format, arg1, arg2, ..., argn)
    char *chain;
    char *format;
    (type quelconque) *args;
```

sscanf sert à lire la mémoire dynamique créée par les fonctions alloc. On l'utilise en général en liaison avec sprintf bien que ce ne soit pas obligatoire. En traduisant du pseudo-code en C, on gardera à l'esprit qu'il faudra tôt ou tard formater les données. Il est sûrement plus facile à long terme de les formater au moment où elles pénètrent dans le buffer que lorsqu'elles en sortent.

LES FONCTIONS DE CHAÎNES EN TO ET LES FONCTIONS DE CARACTÈRES

La famille des fonctions en to convertit des majuscules en minuscules et des minuscules en majuscules. Elles comptent parmi les fonctions C les plus simples d'emploi et tiennent en général sur une seule ligne.

TOLOWER

tolower renvoie l'équivalent en minuscule du caractère **c** qu'on lui passe comme argument, sinon elle renvoie **c**.

```
int tolower (c)
    char c;
```

TOUPPER

toupper renvoie l'équivalent en majuscule du caractère **c** qu'on lui passe, si **c** est minuscule ; sinon elle renvoie **c**.

```
int toupper (c)
    char c;
```

LA FAMILLE DES FONCTIONS EN IS

La famille de fonctions en **is** teste les caractères qu'on lui passe en arguments pour y reconnaître une propriété précise. Il existe une bonne vingtaine de ces fonctions, réparties entre les différents compilateurs. Elles servent surtout à l'écriture de filtres pour des programmes qui doivent chercher un type de caractères donné dans leurs entrées.

La forme générale de ces fonctions est du type :

```
int isqqchose (c)
    char c;
```

Selon l'implémentation, la forme peut être :

```
BOOL isqqchose (c)
    char c;
```

La fonction renvoie un 0 si l'argument est membre de la classe en question, sinon elle retourne un 1. Beaucoup de programmeurs et d'auteurs de compilateurs qui abordent C après Pascal apprécient déjà le type de données booléen de Pascal qui n'a que deux membres, T (pour TRUE) et F (pour FALSE). Certaines versions de C possèdent aussi une classe booléenne. TRUE y est défini comme 1, et FALSE comme 0.

isalnum (c)	Teste les caractères alphanumériques.
isalpha (c)	Teste les caractères alphabétiques.
isascii (c)	Teste les caractères ASCII.
issatty (fd)	Teste un descripteur de fichier pour voir si c'est un terminal.
iscntrl (c)	Teste les caractères de contrôle.
isdigit (c)	Teste les chiffres.
isfd (fd)	Teste si **fd** est un descripteur de fichier valide.
isheap (ptr)	Renvoie la valeur TRUE (1) si le pointeur pointe vers une zone de données renvoyée par **malloc**.
islower (c)	Teste les caractères alphabétiques minuscules.
isnumeric (c)	Comme **isdigit**, teste si un chiffre est valide.
isprint (c)	Teste si un caractère est imprimable.
ispunct (c)	Teste les caractères de ponctuation.
isspace (c)	Teste les espaces.
isupper (c)	Teste les caractères majuscules.
iswhite (c)	Comme **isspace**, teste les espaces.

13. FONCTIONS DE GESTION MÉMOIRE,
FONCTIONS NUMÉRIQUES ET AUTRES

GESTION DE LA MÉMOIRE

Pour manipuler les données, un programme doit pouvoir gérer sa mémoire. Les variables scalaires et les constantes sont stockées à des emplacements particuliers dans une zone dite zone ou segment de données, située en mémoire juste au-dessus du programme. Une forme de stockage agrégé y est prévue pour les tableaux, qui y sont stockés dans certaines versions, mais cela concerne essentiellement les tableaux de scalaires.

La *pile*, zone où le CPU accède directement à la mémoire, est située tout au sommet de la mémoire. Elle tient son nom du fait que les variables y sont empilées ou *dépilées* selon les besoins des fonctions registre. Il n'y a pas d'adresse donc pas de pointeur dans la pile. Tout comme des assiettes empilées, les premières données posées sont les dernières sorties. La pile ne peut pas assurer de stockage de masse ; elle est utilisée, par exemple, au moment de lancer un appel de fonction du DOS qui occupe la plupart des registres du CPU. Le contenu de ces registres est alors empilé, en guise de sauvegarde, avant l'appel de fonction. Une fois l'appel terminé, l'ancien contenu des registres est extrait de la pile et relogé dans les registres.

Immédiatement au-dessus des données du programme, mais nettement en dessous de la pile, se trouve le *heap*. La pile et le heap peuvent tous deux se développer, la pile en *descendant* vers le heap, et le heap en *montant* vers la pile. La zone qui les sépare est souvent appelée le fossé et s'étend en général sur quelques kilo octets. Le BASIC, le FORTRAN et le COBOL ne possèdent pas de heap ; C, Pascal et PL/1, eux, l'utilisent.

LA FAMILLE DES FONCTIONS ALLOC

La famille des fonctions **alloc** réclame au système d'exploitation de l'espace mémoire pris sur le heap. Cette demande n'est pas forcément facile à gérer : d'une part, la fonction **alloc** peut revenir plusieurs fois dans le programme, d'autre part, elle peut être appelée par d'autres fonctions, ce qui amène à *tronçonner* le heap. Celui-ci peut aussi être libéré par la fonction **free**. **alloc** doit alors chercher une autre zone disponible dans le heap. En pratique, **alloc** alloue des blocs de stockage par ordre croissant d'adresse (sachant que le heap se développe *en hauteur*, alors que la pile croît *en profondeur*).

alloc

La fonction **alloc** alloue une zone du heap de **n** octets de long.

```
char *alloc (n)
     unsigned int n;
```

Certaines versions remplissent de 0 la zone allouée. Toutes renvoient un code d'erreur lorsqu'il n'y a plus de place libre dans le heap. Il est souvent catastrophique de se trouver à court de heap, ce qui peut provoquer une perte importante de données. Il y a lieu de tester le code erreur reçu afin de lancer une routine de sauvegarde si **alloc** ne peut fonctionner.

```
if (alloc (bloc_dim) = = 0)
     sauvgard (bloc);
```

alloc n'est pas la seule fonction de ce type. **malloc** alloue du stockage de heap, **calloc** alloue de la mémoire pour les tableaux, et **realloc** change la taille du bloc.

malloc

La fonction **malloc** réserve une zone du heap de **n** octets de long. Cette zone n'est pas remplie de 0. Si la fonction aboutit, elle renvoie l'adresse du début de la zone allouée, sinon elle renvoie 0.

```
char *malloc (taille)
     unsigned int taille;
```

On doit garder à l'esprit que si la zone n'est pas garnie de 0 ou de blancs, comme c'est le cas avec **malloc**, tout ce qui s'y trouvait avant l'appel du programme y sera conservé, que ce soit des fragments de texte, de code source, ou de compilateur. L'accès à des données inconnues donnera alors des résultats imprévisibles. Il faut donc se garder de ce risque en remplissant systématiquement la mémoire allouée de blancs.

calloc

La fonction **calloc** alloue de la mémoire en blocs contigus ou par éléments de taille fixe. Elle est utile dans le cas de tableaux et structures assimilées, lorsqu'une certaine continuité de mémoire est requise. Certaines versions remplissent automatiquement la mémoire allouée de 0. L'adresse de départ de la zone est renvoyée par la fonction, sauf en cas d'erreur où c'est un 0 qui est renvoyé.

```
char *calloc (éléments, taille)
      unsigned int éléments;
      unsigned int taille;
```

realloc

Une fois créée par **alloc**, **calloc** ou **malloc**, la taille de la zone n'est pas absolue. La fonction **realloc** permet d'agrandir ou de diminuer la taille du bloc de mémoire heap aux dimensions indiquées par le paramètre **taille**, tout en conservant l'adresse et le contenu du début de bloc.

```
char *realloc (vieux_bloc, taille)
      char vieux_bloc;
      unsigned int taille;
```

Si, au lieu d'utiliser **realloc**, on avait rappelé **alloc**, **malloc** ou **calloc** pour agrandir le heap consacré aux données, celles-ci auraient été détruites.

realloc renvoie l'adresse de la nouvelle zone allouée (qui est celle de l'ancien bloc). En cas d'erreur, elle renvoie un 0.

free

Pour profiter pleinement de la mémoire dynamique, on doit être capable de libérer le heap. La fonction **free** sert à libérer une zone du heap préalablement retenue par **alloc**, **malloc**, **calloc** ou **realloc**.

La zone est rendue au heap et peut servir à de nouvelles allocations. Le pointeur passé à **free** comme argument désigne l'adresse de départ de la région allouée. Dans la plupart des versions, la fonction ne retourne rien.

```
int free (pointeur)
    char *pointeur;
```

LES FONCTIONS BRK ET SBRK

brk

La famille des fonctions en **alloc** opère sur le heap, en réservant des zones que **free** peut libérer. Une fois que tout l'espace disponible a été utilisé, on peut demander au système d'allouer un peu plus de place au heap. C'est ce qu'accomplissent les fonctions **brk** et **sbrk**, qui opèrent à l'intérieur du système pour étendre le heap. La fonction **brk** place à une adresse absolue la limite supérieure du programme.

```
RESULT brk (ptr)
    char *ptr;
```

La fonction **sbrk** étend la mémoire selon les besoins.

En terminologie UNIX, la limite supérieure du programme s'appelle le *break*. La fonction **brk** amène cette limite à l'adresse pointée par **ptr**. En cas de succès, la fonction retourne 0, sinon elle retourne −1.

sbrk

La fonction **sbrk** allonge la zone de stockage du programme d'un nombre d'octets égal au paramètre **taille**, puis renvoie le pointeur de la zone étendue.

```
char *sbrk (taille)
    unsigned int taille;
```

La plupart des implémentations font un ménage mémoire important pour s'assurer qu'après sa montée en mémoire, le heap n'aille pas écraser la pile qui, elle, descend en mémoire. Cette gestion peut être compliquée par le fait que certaines fonctions s'appellent entre elles (**malloc** appelle **sbrk** quand elle manque de mémoire heap).

FONCTIONS NON UNIX

De nombreuses versions très répandues de C possèdent des fonctions de gestion mémoire, qui, pour n'être pas prévues dans le C UNIX 7, sont néanmoins très utiles. En voici une liste :

rbrk	Replace la valeur supérieure de la mémoire à son point d'origine.
ubrk	Recherche une zone de taille donnée et renvoie son pointeur.
evnbrk	Équivalent à **sbrk**, mais le pointeur a toujours une valeur paire (bit de poids faible à 0).
topofmem	Renvoie un pointeur à l'octet suivant la zone de données externe du programme.
wrdbrk	Comme toutes les fonctions **brk**, **wrdbrk** renvoie le pointeur d'une zone de taille donnée. **wrdbrk** utilise une taille spécifiée par un entier non signé et ne peut donc rien libérer de sa mémoire.

FONCTIONS NUMÉRIQUES

La maturité d'un langage de programmation peut s'évaluer selon deux critères : sa capacité à traiter les chaînes et sa capacité à calculer en virgule flottante. C possède un jeu important, et en développement constant, de fonctions numériques et transcendantes. Si ces fonctions ne lui permettent pas de rivaliser avec FORTRAN, elles sont du niveau de celles des bibliothèques Pascal, et permettent à C de bien se comporter en tant que langage d'application.

Comme C a été créé sur un mini-ordinateur DEC PDP 11, il utilisait au départ des *mots* numériques très longs. (La longueur du mot standard sur mini est de 16 à 32 bits. Elle est de 64 pour le type double.)

Les premières versions de C sur micros 8 bits furent limitées par l'incapacité des registres CPU 8 bits et des mots d'adresse 16 bits à traiter des types doubles. Les entiers étaient donc le seul type numérique disponible sur les C 8 bits. Avec les processeurs INTEL 8086/8087 et MOTOROLA 68000 disparut la limitation des mots 16 bits. Le processeur arithmétique 8087, qui traite des mots de 80 bits, est conçu pour être associé au CPU 8086, permettant aux micros d'entrer en compétition avec les plus gros ordinateurs. Même sans l'aide d'un processeur arithmétique, les processeurs 16 bits gèrent des mots de 32 bits et les nombres en double précision sont de l'ordre de 64 bits, ce qui suffit largement pour la plupart des calculs.

Les fonctions mathématiques en virgule flottante de C convertissent toutes automatiquement leurs arguments en double précision, et renvoient une valeur de type double. Cela garantit que les résultats renvoyés ne seront pas inutilement tronqués. Les fonctions trigonométriques de C acceptent des arguments en radians. Dans de nombreuses versions, en particulier en C UNIX 7, le fichier en-tête **math.h** doit être inclus pour qu'on puisse utiliser les fonctions mathématiques.

LES FONCTIONS TRIGONOMÉTRIQUES

atan

atan calcule l'arc tangente de l'argument **val**. **val** est renvoyé en radians.

```
double atan (val)
    double val;
```

ou

```
        float val;
```

tan

tan renvoie la tangente trigonométrique de l'argument **val** qui doit être exprimé en radians.

```
double tan (val)
    double val;
```

ou

```
    float val;
```

Autres fonctions trigonométriques

Les autres fonctions trigonométriques s'expliquent d'elles-mêmes.
Elles reçoivent toutes des arguments en radians.

double sin (val)	Fonction sinus.
double cos (val)	Fonction cosinus.
double asin (val)	Fonction arc sinus.
double acos (val)	Fonction arc cosinus.

FONCTIONS LOGARITHMIQUES

Mis à part les fonctions trigonométriques, le reste des fonctions double précision de C traite des logarithmes, puissances et racines qui,
d'un point de vue mathématique, appartiennent tous à la même
famille. Les fonctions **log** sont calculées soit en base népérienne, soit
en base décimale.

log

Renvoie le logarithme népérien de l'argument.

```
    double log (valeur)
        double valeur;
```

log10

Renvoie le logarithme en base 10 de l'argument.

```
    double log10 (valeur)
        double valeur;
```

FONCTIONS PUISSANCE ET RACINE

pow

La fonction **pow** renvoie la valeur **x** élevée à la puissance **y**. Elle retourne un 0 si **x** et **y** sont égaux à 0, ou si **y** est négatif et non entier.

```
double pow (x, y)
    double x;
    double y;
```

sqrt

sqrt renvoie la racine carrée de l'argument **val**. Elle renvoie 0 si l'argument est négatif.

```
double sqrt (val)
    double val;
```

FONCTIONS DIVERSES

Cette section présente la catégorie inévitable des fonctions diverses et variées.

FONCTIONS DE TRI

Les fonctions de tri existent sous de nombreuses formes. Elles ont été l'objet de nombreux ouvrages spécialisés. Divers algorithmes sont disponibles, qui permettent de résoudre des problèmes de tri de difficultés croissantes.

qsort

C possède une fonction intégrée de tri appelée **qsort** ; il s'agit d'un tri rapide.

```
int qsort (base, nombre, taille, compare)
    char *base;
    int nombre ;
```

```
int taille;
int *compare ();
```

Le programmeur doit fournir un vecteur d'éléments et une fonction pour comparer ces derniers. **base** est l'adresse de base du vecteur d'éléments à trier, **taille** la taille en octets d'un élément. **nombre** est le nombre d'éléments et **compare** est l'adresse de la fonction de comparaison.

FONCTIONS D'AFFECTATION DE TÂCHES

tty

Il est utile, en particulier dans un environnement multipostes de déterminer à quelle console un travail est affecté. La fonction **ttyname** permet au programme d'associer le nom de fichier de la console ou du périphérique à une ouverture de fichier.

```
char *ttyname (fd)
    int fd;
```

La fonction **ttyname** renvoie un pointeur à la chaîne nom de fichier du périphérique associé au fichier argument de la fonction. Sous MS-DOS ou CP/M, si le programme utilise la console (**stdin**) en E/S, la fonction **ttyname** renverrait un pointeur vers **CON:**.

GÉNÉRATEUR DE NOMBRES ALÉATOIRES

Les générateurs de nombres aléatoires ne donnent en fait que des nombres pseudo-aléatoires. Chaque fois qu'on initialise la série aléatoire avec un nombre — ou *seed* — donné, on obtient la même série de chiffres. Si on voulait générer quelque chose de quasi aléatoire, en faisant subir à la *seed* la série de traitements numériques habituels, il faudrait que la *seed* elle-même soit générée aléatoirement.

srand

Les générateurs de nombres aléatoires doivent être initialisés par une **seed** passée en argument à la fonction, qui la modifie et renvoie son résultat.

La fonction **srand** prépare la **seed** destinée au générateur de nombres aléatoires.

```
int srand (seed)
    int seed;
```

rand

rand retourne un nombre pseudo-aléatoire, une fois qu'il a été initialisé par **srand**.

```
int rand ();
```

LA FONCTION SWAB

Il existe 200 à 300 fonctions C uniques dans la vingtaine de versions de C étudiées dans cet ouvrage. La dernière fonction que nous présenterons dans ce chapitre est analogue à une fonction de mémoire dans la mesure où elle copie le contenu d'une zone mémoire dans une autre.

swab

La fonction **swab** copie n octets de données du buffer source dont l'adresse est pointée par **origin**, dans le buffer de destination pointé par **destin**. En adresses de 16, 24 ou 32 bits, la mémoire est allouée par incréments pairs. Le nombre d'octets n doit donc être pair pour éviter la superposition des limites mémoire.

```
int swab (origin, destin, n)
    char *origin;
    char *destin;
    int n;
```

Le **swab** du C Digital Research alterne les octets de poids fort avec les octets de poids faible, ce qui permet à la famille 8080 de processeurs Intel d'échanger des données avec la mémoire du 68000.

III
APPLICATIONS
PRATIQUES

14. MANIPULATIONS DE NOMBRES

Les manipulations de nombres ont toujours été le fort des langages évolués. C'est pour cela que FORTRAN est né. C a débuté comme langage intermédiaire, mais dans la forme actuelle du C UNIX 7, il possède une puissance importante en traitements numériques.

LES TYPES DE DONNÉES FLOAT ET DOUBLE

On trouve en C des nombres à virgule flottante simple précision (type **float**) et double précision (type **double**). Les nombres flottants simple précision sont en général écrits sur quatre octets alors que les double précision le sont généralement sur huit. Leur représentation interne dépend à la fois de la machine et du compilateur utilisé. De façon typique, les nombres simple précision consacrent trois octets à la mantisse, alors que les double précision lui consacrent sept octets. Le dernier octet sert à l'exposant. L'échelle et la précision sont en général transparentes à l'utilisateur, car le type **float** prend en charge la plupart des problèmes de virgule flottante et de notation exponentielle.

La double précision est utilisée lorsque des nombres très grands, très petits ou très précis doivent être obtenus. Lorsque des nombres sont élevés à des puissances, à partir de la puissance trois, il vaut mieux utiliser le type **double** pour éviter d'obtenir des résultats trop grands ou trop petits [1] pour la variable qui doit les recevoir.

Il est important de noter que toute l'arithmétique en virgule flottante de C est effectuée en double précision. Aussi, en cas d'hésitation entre **float** et **double**, utilisera-t-on **double**. En outre, les fonctions C renvoient des valeurs en **double** et non pas en **float**. Si on souhaite récupérer des valeurs **float** depuis une fonction numérique, il faut déclarer celle-ci en **float**.

Les **float** et les **double** peuvent être entrés ou sortis soit en écriture décimale, soit en notation exponentielle. L'E/S sera déterminée par le format associé à **scanf** () ou **printf** (), et non pas par le type de données.

Ordre du programme	Type de données	Sortie
printf ("%f",grand)	**float**	décimal
printf ("%lf",énorme)	**double**	décimal
printf ("%e",grand)	**float**	exponentiel
printf ("%le",énorme)	**double**	exponentiel

On utilise le *modifieur* l pour les **float** longs ou doubles.

float peut prendre la forme familière d'un nombre décimal ou celle d'un nombre en notation exponentielle. Voici l'exemple de *pi* et de *e* :

$$pi = 3.1415927$$
$$e = 2.7182818$$

La notation exponentielle est de la forme :

$$11.5e+6$$

Elle évite les pertes de précision avec des nombres très grands ou très petits et garantit que le nombre exact de 0 est ajouté. Le nombre précédent serait écrit par un ordinateur sous la forme :

11500000

Les nombres très grands ou très petits posent le problème de la troncature. Dans le programme à venir de calcul de ressort, on devra élever aux puissances 3 et 4 un petit nombre. Si on prend l'exemple de 0.012, son cube donne 0.000001728. La machine le représentera probablement sous la forme 0.000002 si on utilise **float** plutôt que la notation exponentielle, ce qui représente une perte de précision de 11 pour 100. D'où l'intérêt de la notation exponentielle et scientifique dans les programmes de calcul.

UTILISATION DU CAST POUR LA MISE EN FORME DE DONNÉES

Chaque langage possède ses règles de conversion de type de données à l'intérieur d'une expression. Afin d'éviter des résultats imprévisibles, la règle la plus sûre est de déclarer tous les nombres du même type chaque fois que c'est possible. (Ce n'est pas toujours le cas, comme lorsqu'on divise un nombre **float** par un indice de boucle.)

Quand cela n'est pas possible, il faut imposer un changement de type aux données. D'une façon simple, on peut affecter le nombre dont on veut modifier le type à une variable du type souhaité, comme dans l'exemple suivant :

```
int inbr:
float fnbr;

puts ("Entrez un entier :");
scanf ("%d", &inbr);
fnbr = inbr;
printf (" \nle nombre est % - 9.2f \n", fnbr);
```

Le type de données sera toujours celui de la lvaleur. Dans ce cas, **inbr** est forcé dans le type **float** en étant affecté à **fnbr**. Cette technique est maladroite car elle réclame une ligne de code supplémentaire et crée une nouvelle variable. On peut éviter ce problème en utilisant l'opérateur **cast**. L'expression

```
(float)inbr
```

est un **cast**. Le nom du type, **float** dans ce cas, est mis entre parenthèses et précède l'expression à convertir. Pour reprendre l'exemple précédent, la ligne :

```
printf (" \nle nombre est % - 9.2f \n", (float)inbr);
```

utilise le **cast** pour convertir l'entier **inbr** en **float** sans passer par une variable intermédiaire.

LE FORMATAGE DE NOMBRES

Nous avons déjà vu **printf** et **scanf** mais le moment est bien choisi pour en reparler. BASIC et d'autres langages évolués saisissent leurs données numériques automatiquement par type de données. Par exemple, l'ordre BASIC :

```
INPUT "Entrez un nombre"; NBR
```

attend une entrée en simple précision. Les fonctions communes d'E/S de C sont getchar () et putchar (), dont le nom suggère qu'elles sont spécialisées dans le traitement de caractères. Pour éviter la prolifération de fonctions du type getdec (), getfloat () et getdouble (), et pour autoriser des E/S formatées, les fonctions en print et scan ont été créées. La fonction scanf *balaie* l'entrée standard, en y cherchant des données en accord avec le format de ces ordres de contrôle. Elle place ensuite ces données, sous le format correct, dans ses arguments :

```
scanf (contrôle, arg1, arg2, ..., argn);
```

Sa forme permet de placer le format des données attendues dans l'ordre de contrôle. Les arguments ne doivent pas être des variables, mais des pointeurs à des adresses de variables. Ainsi la séquence :

```
puts ("Entrez le nom et le numéro");
scanf ("%s, %d", nom, &nbr);
```

utilise "%s, %d" pour formater une chaîne et un entier, et affecte les données aux pointeurs nom et &nbr. Un nom de variable tableau de chaîne, comme nom, est bien un pointeur et n'a pas besoin d'être précédé de l'opérateur d'adresse &. La variable entière nbr n'est pas un pointeur et doit donc recevoir l'opérateur &.

Les caractères de conversion disponibles pour les entrées formatées sont :

d   Entier décimal.

o   Entier octal.

x   Entier hexadécimal.

h   Entier court.

c   Caractère.

s   Chaîne

f   Virgule flottante.

Les types d, o, x et f doivent être précédés de la lettre l s'ils pointent vers des types longs au lieu du type entier. Le type f (ou float) doit aussi être précédé de la lettre l s'il doit être en double précision.

Les fonctions de sorties formatées comme printf utilisent des caractères de conversion similaires, avec en plus :

u   Entier non signé.

e   Notation exponentielle.

f   Virgule flottante.

g   Choisit le plus compact de **e** ou de **f**.

Le type **e** (exponentiel) doit être précédé de la lettre l s'il doit être en double précision.

Les caractères de conversion peuvent être modifiés par le signe moins(−) pour indiquer une justification à gauche ; sinon, la sortie est justifiée à droite par défaut. Un nombre placé devant le caractère peut spécifier la taille du champ de la sortie, et une fraction décimale **.dd** la largeur de la fraction décimale de la chaîne sortie. La séquence de conversion

```
% − 64.12s
```

permettra de sortir 12 caractères justifiés à gauche dans un champ de 64 caractères, comme dans :

```
abcdefghijkl
```

Les espaces du l au signe * sont tous blancs.

Dans le cas de nombre, la séquence

```
% − 9.3f
```

sortira un nombre à virgule flottante de 9 chiffres, dont 3 après la virgule.

```
123456.789
```

ÉCART TYPE

En statistiques, les formules d'écart type servent à mesurer les écarts entre des données et leur moyenne. Les calculs mis en jeu ne sont pas d'un principe compliqué, mais ils sont généralement longs et fastidieux. Aussi sont-ils bien adaptés aux calculatrices programmables et aux ordinateurs.

L'algorithme de calcul d'écart type est le suivant :

for (boucle infinie)
>   saisie de nombres (vers un tableau)
>   calcul de la somme des nombres saisis
>   test d'arrêt

moyenne = somme / nombre de valeurs saisies

for (itération sur l'ensemble des valeurs saisies)
>   x = valeur saisie − moyenne
>   carré = carré + (x puissance 2)

variance = carré / nombre des entrées moins une
écart type = racine carrée de la variance

affichage du nombre de valeurs saisies, de leur moyenne, de leur écart type et de leur variance.

Figure 14.1 : Calcul de moyenne, de variance et d'écart type.

```
/*
     Calcul de Moyenne, Ecart-Type et Variance
*/

#include "stdio.h"
#include "math.h"
#define EFFACE "\33[H\33[2J"
#define ENTMAX 128

main ()
{
    int i,j,n;
    float nbr [ENTMAX],somme,carre,moy,var,ectyp,x;
    char c;

    somme = carre = n = 0;
    puts ( EFFACE );
    puts ("\n\n\n\t Ecart Type \n\n\n");
    for ( i = 1; i <= ENTMAX ; i++ )
    {
        puts("\n Tapez 9 pour un calcul d'ecart-type");
        puts ("\n ou une autre touche pour poursuivre");
        c = getch ();
        if (c == '9')
            break;
        printf ("\nnombre :");
        scanf ("%f",&nbr [i]);
        somme += nbr[i];
    }
    n = i-1;
    moy = somme / ((double)n);
    for ( i = 1 ; i <= n ; i++)
    {
        x = nbr[i] - moy;
```

```
        carre += x * x;
    }
    var = carre / ((double)n - 1 );
    ectyp = sqrt(var);
    puts ("\n\n\n\n");
    printf ("nombre de donnees : %d\n\n",n);
    printf ("moyenne :%f\n\n",moy);
    printf ("ecart-type :%f\n\n",ectyp);
    printf ("variance : %f",var);
}
```

La première chose méritant d'être remarquée est la procédure d'initialisation des variables par affectation multiple :

```
somme = carre = n = 0;
```

C effectuant ses affectations de droite à gauche, un tel ordre est parfaitement légal.

On entre ensuite dans une boucle **for** pouvant être itérée entre le 1 et **ENTMAX** (soit 128, plus grand entier permis par le langage) :

```
for ( i = 1; i <= ENTMAX ; i++ )
{
    puts("\n Tapez 9 pour un calcul d'ecart-type");
    puts ("\n ou une autre touche pour poursuivre");
    c = getch ();
    if (c == '9')
        break;
    printf ("\nnombre :");
    scanf ("%f",&nbr [i]);
    somme += nbr[i];
}
```

La fonction **scanf** recherche un nombre flottant pour le placer à l'adresse **nbr[i]**. Rappelons en effet que l'argument doit être un pointeur ou l'adresse de la variable qui contient le nombre. Une question préalable permet à tout moment de sortir de la boucle **for** pour calculer la moyenne et la variance sur l'ensemble des nombres précédemment entrés. La somme des nombres est également recalculée après chaque entrée et placée dans la variable **somme**. L'opérateur + = est une manière condensée d'écrire :

```
somme = somme + nbr i
```

La ligne suivante fait apparaître l'opérateur de **cast** :

```
moy = somme / ((double)n);
```

n, le nombre d'entrées, est un entier. Il doit être de type **float** pour diviser la variable flottante **somme**. En fait, le **cast** est utilisé ici pour transformer **n** en nombre double précision (uniquement pour montrer que cela est possible). L'utilisation du **cast (double)n** évite d'avoir à utiliser une variable intermédiaire.

```
carre + = x * x ;
```

C ne possède pas d'opérateur d'exponentiation. Il existe par contre des fonctions de puissance du type :

```
sqr = pow (x,2);
```

Il est cependant plus rapide dans notre cas d'écrire $x * x$. De plus, le programme ira plus vite car les fonctions de type **pow** doivent exécuter des sous-programmes internes faisant appel à des fonctions logarithmiques (la fonction **pow** peut être avantageusement utilisée pour le calcul de puissances supérieures à 2).

La ligne suivante permet d'effectuer le calcul de variance :

```
var = carre / ((double)n - 1);
```

Cette ligne utilise également l'opérateur de **cast**. L'expression (**(double)n – 1**) est mise entre parenthèses afin de s'assurer que toute l'expression servira effectivement de diviseur. L'usage intensif de parenthèses n'est pas un défaut, car il permet de situer immédiatement la hiérarchie des opérations.

```
ectyp = sqrt(var);
```

Certaines fonctions telles que la fonction **sqrt** (c'est-à-dire racine carrée) ne font pas partie intégrante du corps du langage C. Toutes les versions n'en disposent pas nécessairement. Lorsqu'elles existent, elles sont implémentées dans le fichier en-tête "math.h". Les résultats formatés sont finalement affichés :

```
printf ("nombre de donnees : %d\n\n",n);
printf ("moyenne :%f\n\n",moy);
printf ("ecart-type :%f\n\n",ectyp);
printf ("variance : %f",var);
}
```

Les nombres exprimés en double précision sont édités avec **f** (pour float), les entiers avec **d**.

APPLICATION D'INGÉNIERIE

Le programme de la Figure 14.2 traite (de manière quelque peu simplifiée) du calcul de paramètres de ressorts hélicoïdaux. Il s'agit d'une tâche pénible et répétitive, bien adaptée à une application sur micro-ordinateur.

Figure 14.2 : Programme de calcul de ressorts hélicoïdaux.

```
/*
            Programme de calcul de ressorts helicoidaux
*/

#define PI 3.14159
#define G 11.5e+6
#include "stdio.h"

main ()
{
    double nentree, mstress, diamfil, diam_ext, nspire, charge;
    double stress, haut, c, k, longlib, depl, mcharge, taux;
    double wd3, wd4, d3, diff;
    int rep;

    debut:
        puts ("\33[H\33[2J");
        printf ("\n\n\t Calcul de Ressorts Helicoidaux\n");
        printf ("\n\nDiametre du fil : ");
        scanf ("%lf",&diamfil);
        printf ("\n\nDiametre externe : ");
        scanf ("%lf", &diam_ext);
        printf ("\n\nNombre de spires : ");
        scanf ("%lf", &nspire );
        printf ("\n\nCharge nominale : ");
        scanf ("%lf", &charge );
        printf ("\n\nHauteur nominale : ");
        scanf ("%lf", &haut );

        /* wd3 = pow ( diamfil , 3 ); */
        wd3 = diamfil * diamfil * diamfil;
        printf ("\n\nwd3 = %7e\n", wd3);

        /* wd4 = pow ( diamfil , 4 ); */
        wd4 = diamfil * wd3;

        /* d3 = pow ( diam_ext - diamfil , 3 ); */
```

$\longrightarrow$

– 239 –

```
diff = diam_ext - diamfil;
d3 = diff * diff * diff;
c = ( diam_ext - diamfil ) /  diamfil;
k = ( 4 * c - 1 ) / ( 4 * c - 4 ) + .613 / c;
stress = 8.0 * (diam_ext - diamfil) * k * charge/(PI * wd3);
if ( stress > 500000 )
    {
        printf ("\n\nStress = %-9.0f\n\n" , stress );
        printf ("(0) pour continuer - (1) pour recommencer");
        scanf ("%d", &rep );
        if ( rep )
            goto debut;
    }

taux = G * wd4 / ( 8.0 * ( d3 * nspire ) );
longlib = charge / taux + haut ;
depl = longlib - ( ( nspire + 2 ) * diamfil );
mcharge = depl * taux;
mstress = 8.0 * (diam_ext - diamfil) * k * charge /(wd3 * PI);

printf ("\n\n\nstress a la hauteur de travail %7e \n",stress);
printf ("Facteur de Wahl %-4.2f\n" , k );
printf ("Charge maxi %-4.1f\n", mcharge );
printf ("Deplacement %-4.2f\n", depl );
printf ("Nbr. total de spires %-4.1f \n", nspire + 2.0 );
printf ("Taux %-7.3f   Longueur libre %-6.2f\n",taux,longlib);
printf ("Stress a la hauteur de fermeture %7e\n", mstress);
}
```

La première étape consiste à définir les constantes **PI** et **G** :

```
#define PI 3.14159
#define G 11.5e+6
```

G, qui représente le module de torsion de l'acier au carbone, vaut
11 500 000. La notation scientifique rend ce nombre manipulable en
le ramenant au format 11.5e+6.

Les inclusions d'en-tête utilisées peuvent être spécifiques du compilateur. Le fichier **stdio.h** correspond à l'en-tête standard du compilateur Microsoft (et à celui de la plupart des autres compilateurs).

```
#include "stdio.h"
```

Presque toutes les variables sont définies en double précision, au début
du bloc principal du programme :

```
main ()
{
    double nentree, mstress, diamfil, diam_ext, nspire, charge;
    double stress, haut, c, k, longlib, depl, mcharge, taux;
    double wd3, wd4, d3, diff;
    int rep;
```

Le type **double** est en fait utilisé de manière délibérée, afin d'éviter
les erreurs de sous-estimation pour de très petits câbles. Une fois toutes
les saisies effectuées, le programme s'exécutera en une ou deux secon-

des. On ne gagnerait pas un temps considérable en remplaçant les variables de type **double** par des variables de type **float**. Cela n'est pas nécessairement vrai pour toutes les applications.

La ligne suivante est d'un type nouveau :

```
debut :
```

Il s'agit d'une étiquette. Les numéros de lignes, en BASIC, en Pascal ou en FORTRAN, constituent des étiquettes numériques. Elles fournissent une cible pour adresser les ordres de branchement. En C et en PL/1, les étiquettes sont des caractères. Alors qu'une instruction GOTO 15O n'est guère informative, l'ordre **goto fin-bloc** est signifiant à sa simple lecture. Les **goto** avec adresses sont auto-explicatifs et contribuent à la clarté du programme.

Le **goto** réoriente de façon inconditionnelle l'exécution d'un programme. Son utilisation a été très critiquée, car son image est associée à celles des programmations non structurées. Par ailleurs, il est faux de penser qu'un code sans **goto** est forcément structuré. Il vaut mieux simplement réserver l'usage des **goto** aux algorithmes qui ne peuvent pas être réorientés autrement.

La première donnée saisie est une estimation du diamètre du fil de ressort (**diamfil**) :

```
printf ("\n\n\t Calcul de Ressorts Helicoidaux\n");
printf ("\n\nDiametre du fil : ");
scanf ("%lf",&diamfil);
```

On demande à la fonction **scanf** de rechercher un nombre **float long** (à double précision) et de le stocker dans l'adresse &**diamfil**. Comme toujours, l'argument de **scanf** doit être un pointeur.

De façon similaire, le diamètre externe, le nombre de spires et la charge pour une hauteur donnée sont saisis.

```
printf ("\n\nDiametre externe : ");
scanf ("%lf", &diam_ext);
printf ("\n\nNombre de spires : ");
scanf ("%lf", &nspire );
printf ("\n\nCharge nominale : ");
scanf ("%lf", &charge );
printf ("\n\nHauteur nominale : ");
scanf ("%lf", &haut );
```

La conception de ressort s'effectue de façon itérative, et les premiers passages servent d'estimation. Des nombres comme le diamètre du fil et le nombre de spires doivent être mis en balance pour donner un ressort convenable.

Le diamètre du fil est ensuite élevé au cube puis à la puissance 4. Le diamètre moyen du ressort est lui aussi élevé à la puissance 3. Sur certains compilateurs, on utilise la fonction **pow** ; l'utilisateur pourra la créer dans sa propre bibliothèque, si elle n'y est pas disponible.

```
/* wd3 = pow ( diamfil , 3 ); */
wd3 = diamfil * diamfil * diamfil;
printf ("\n\nwd3 = %7e\n", wd3);

/* wd4 = pow ( diamfil , 4 ); */
wd4 = diamfil * wd3;

/* d3 = pow ( diam_ext - diamfil , 3 ); */
diff = diam_ext - diamfil;
```

Les expressions suivantes sont longues et occupent quasiment toutes les lignes qui les supportent. C'est pour cette raison que les variables intermédiaires précédentes ont été créées. Cela rend le code plus facile à suivre qu'il ne le serait si toutes les fonctions étaient imbriquées dans les expressions.

On calcule ensuite le facteur dit de Wahl.

```
d3 = diff * diff * diff;
c = ( diam_ext - diamfil ) / diamfil;
k = ( 4 * c - 1 ) / ( 4 * c - 4 ) + .613 / c;
```

Examinons bien les parenthèses et l'ordre de notation. Les priorités sont un facteur clé lors de l'écriture de codes de calcul, dans tout langage. C'est particulièrement vrai en C, qui possède beaucoup d'opérateurs.

La formule de **k**, le facteur de Wahl, est, en notation algébrique :

$$k = \frac{4c - 1}{4c - 4} + \frac{0.613}{c}$$

C se déplace de gauche à droite dans l'expression en effectuant tout d'abord les soustractions entre parenthèses, pour revenir diviser la première expression entre parenthèses par la seconde. Le nombre 0.613 est divisé avant que le résultat ne soit ajouté à celui des deux premières expressions. La table d'associativité et de priorité du Chapitre 2 doit être possédée parfaitement avant d'aborder la programmation de telles opérations.

L'effort appliqué aux fibres externes du câble est ensuite calculé.

```
stress = 8.0 * (diam _ ext-diamfil) * k * charge / (PI * wd3);
```

L'expression informatique représente la formule algébrique :

$$stress = \frac{8PDk}{PI.D^3}$$

dans laquelle D est le diamètre moyen du ressort, P la charge et k le facteur de Wahl. Le diamètre moyen est obtenu en soustrayant le diamètre du fil du diamètre externe. L'expression est exécutée de gauche à droite, en calculant d'abord les expressions entre parenthèses, puis en revenant en arrière pour effectuer en ordre les multiplications et divisions restantes.

L'étape suivante consiste à tester si le stress est supérieur à 500000.

```
stress = 8.0 * (diam_ext - diamfil) * k * charge/(PI * wd3);
if ( stress > 500000 )
    {
        printf ("\n\nStress = %-9.0f\n\n" , stress );
        printf ("(0) pour continuer - (1) pour recommencer");
        scanf ("%d", &rep );
        if ( rep )
            goto debut;
    }
```

S'il l'est, on peut soit continuer en sachant que le ressort sera trop sollicité, soit revenir en arrière et recommencer. C'est alors un **goto** qui ramène l'exécution du programme au niveau de **debut** :.

Une fois le stress déterminé, on calcule le taux du ressort.

```
taux = G * wd4 / (8.0 * ( d3 * nspire ) );
```

Sous forme algébrique, la formule est

$$Taux = \frac{GD^4}{8N(diam\_ext - diam\_fil)^3}$$

où N est le nombre de spires. L'expression **8.0 ∗ d3 ∗ nspire** doit être évaluée avant de pouvoir diviser le reste de l'expression. C'est ce qui lui vaut ses parenthèses.

Sont ensuite calculés la longueur libre, le déplacement, la charge et le stress maximal du ressort.

```
longlib = charge / taux + haut ;
depl = longlib - ( ( nspire + 2 ) * diamfil );
mcharge = depl * taux;
mstress = 8.0 * (diam_ext - diamfil) * k * charge /(wd3 * PI);
```

On passe ensuite à la sortie formatée.

```
printf ("\n\n\nstress a la hauteur de travail %7e \n",stress);
```

Le **stress** est affiché en notation exponentielle, avec une précision de 7 décimales.

Le facteur de Wahl est affiché en nombre à virgule flottante justifié à gauche de 4 chiffres dont 2 après la virgule.

```
printf ("Facteur de Wahl %-4.2f\n" , k );
```

La précision par défaut aurait été de 6. Les cinq lignes suivantes éditent les résultats des calculs.

```
        printf ("Charge maxi %-4.1f\n", mcharge );
        printf ("Deplacement %-4.2f\n", depl );
        printf ("Nbr. total de spires %-4.1f \n", nspire + 2.0 );
        printf ("Taux %-7.3f   Longueur libre %-6.2f\n",taux,longlib);
        printf ("Stress a la hauteur de fermeture %7e\n", mstress);
    }
```

C peut donc très bien se comporter en tant que manipulateur de nombres. Tout ce dont il a besoin est une bonne bibliothèque de fonctions mathématiques et transcendantes, qui est désormais fournie avec la plupart des compilateurs. Pour rendre le programme de calcul de ressort tout à fait opérationnel, on peut l'enfermer dans une boucle infinie en lui fournissant un code de sortie. Dans la pratique, il faudra en effet itérer un certain nombre de fois avant de trouver la bonne solution.

LE CRIBLE D'ÉRATOSTHÈNE

Le programme du crible d'Ératosthène est inclus ici en tant que banc d'essai permettant de tester la vitesse de calcul de langages, de compilateurs et de machines. Ce programme, qui n'utilise que des entiers, peut être exécuté sur tout sous-ensemble de C. Il opère en créant un tableau de tous les nombres jusqu'à 8 191.

Figure 14.3 : Filtre d'Ératosthène.

```
/*      Filtre d'Erathostenes           */

#define VRAI 1
#define FAUX 0
#define TAILLE 8190

char indic[TAILLE+1];

main()
        {
        register int i,k;
        int premier, compte, iter;

        printf("10 iterations\n");
        printf ("\nProgramme en cours de calcul...");

        for (iter = 1; iter <= 10; iter++) {
            compte = 0;
            for (i = 0; i <= TAILLE; i++)
                    indic [i] = VRAI;
            for (i = 0; i <= TAILLE; i++) {
                    if (indic [i]) {
                            premier = i + i + 3;
                            for (k=i+premier; k<=TAILLE; k+=premier)
                                    indic[k] = FAUX;
                            compte++;
                            }
                    }
            }
        printf("%d nombres premiers\n",compte);
        printf("Calcul termine\n");
        }
```

Tous les nombres de la série qui ne sont pas des nombres premiers sont ensuite filtrés.

Ce programme a été souvent copié et restera un banc d'essai populaire pour quelque temps encore. Il permet de comparer entre eux les compilateurs C, ou de comparer C à d'autres langages. La version 3 du compilateur C de Microsoft permet d'obtenir un code qui s'exécute en moins de six secondes.

NOTES

Chapitre 3
TYPES DE DONNÉES, CLASSES
ET ORGANISATION DU STOCKAGE

1. Le C UNIX 7 utilise **calloc** et **malloc**.

Chapitre 4
FONCTIONS, POINTEURS ET CONCEPTS ASSOCIÉS

1. Il est important de comprendre le concept de l'affectation. L'opérateur d'affectation = affecte la valeur de l'expression à sa droite à la variable (lvaleur) située à sa gauche. L'expression :

    QI = 125;

affecte la valeur 125 à la variable QI. Elle est équivalente à l'expression BASIC

    LET QI = 125

ou à celle de dBASE

    store 125 to QI

En C, on dira que QI, qui est située à gauche *(Left)* du signe égal, est une lvaleur, tandis que 125, qui est située à droite *(Right)* et qui ne possède pas d'affectation mémoire, est une rvaleur.

Chapitre 5
LE FICHIER EN-TÊTE STANDARD D'ENTRÉES/SORTIES

1. Une *macro* est un bloc de code qui n'est pas autonome. Les macros vont des petites définitions de fonctions définies dans les fichiers en-tête, comme

    #define abs(x) (x < 0? – (x):(x))

aux utilitaires complets comme le Gestionnaire d'Accès de Digital Research, qui forme un gestionnaire de bases de données. Les macros sont présentées au Chapitre 16.

2. Remarquez le séparateur précédé d'un espace dans le fichier en-tête suivant. Cette syntaxe est employée pour indiquer les fonctions système.

Chapitre 6
LES FICHIERS BUFFERISÉS

1. L'emploi d'un buffer d'E/S avec les fichiers bufferisés est propre au C BDS et aux versions qui l'émulent. Ce n'est pas un caractère du C UNIX 7. Dans les versions UNIX 7, un descripteur de fichier, en général une variable entière, garde trace du ''flux du fichier''. Ce descripteur est affecté à l'ouverture du fichier et est repris dans toutes les fonctions utilisées sur le fichier.

2. Un vecteur argument est un tableau de caractères à simple dimension qui contient un argument de la ligne de commande. L'appel

a > copy vieupgm.txt nouvpgm.txt

possède trois vecteurs :

argv[0] pour copy
argv[1] pour vieupgm.txt
argv[2] pour nouvpgm.txt

3. Noter l'emploi de lettres majuscules pour indiquer la constante **BUFSIZ**.

4. C retourne souvent la valeur −1 pour indiquer une erreur dans une fonction, et pour mettre fin à des fonctions interactives comme **getc()** et **getchar()**, pour lesquelles il renvoie −1 lorsqu'il rencontre une fin de fichier. La constante **ERROR** peut alors être définie avec la valeur −1 dans le fichier en-tête.

5. Certaines versions sous CP/M de C, comme celui de Digital Research ou de Computer Innovations, permettent d'accéder à l'imprimante par l'intermédiaire d'un fichier **LST:** ou **PRN:**. Sous UNIX, l'imprimante est accessible par le Shell.

Chapitre 7
LES FICHIERS NON BUFFERISÉS :
ENTRÉES/SORTIES ALÉATOIRES

1. Les primitives système comprennent des fonctions comme :

Numéro de fonction	Nom
13	réinitialisation disque
14	sélection disque
15	ouverture fichier
16	fermeture fichier
19	effacement fichier
20	lecture séquentielle
21	écriture séquentielle
22	création de fichier
33	lecture aléatoire
34	écriture aléatoire
37	réinitialisation disque

Ces fonctions effectuent les manipulations effectives sur fichiers. Les commandes du langage utilisent ces primitives pour accomplir leurs diverses tâches.

2. Les versions de read et write du C UNIX 7 et du C Microsoft utilisent le nombre d'octets. Certaines autres versions utilisent plutôt le nombre d'enregistrements.

3. Dans ce programme, pour raisons de simplicité, le stockage conventionnel a été alloué à l'intérieur de la zone de données du programme. Une approche plus sophistiquée serait d'allouer dynamiquement le stockage au heap, ce qui dépasse le cadre de ce livre.

Chapitre 8
STRUCTURES ET UNIONS

1. Le nombre d'octets d'un type particulier de données dépend essentiellement du microprocesseur en usage et de l'implémentation du C. Dans le cas présent, l'allocation des octets s'effectue comme suit :

```
char nom[32];        32
int act_nbr;          2
char adresse[64];    64
char phone[12];      12
float act_bal;        4
                    ___
                    114
```

2. Lorsque le pointeur p est rendu égal à l'adresse de tag

    p = &tag;

p devient équivalent à l'adresse de tag. Donc, l'opérateur indirect

    *p

fournit le contenu de l'adresse de tag, donc la valeur de tag. Ainsi,

    (*p).membre

est le tag.membre.

Chapitre 9
VUE D'ENSEMBLE ET DÉFINITION DU LANGAGE

1. Selon la définition la plus stricte, les fonctions du C UNIX 7 sont les fonctions d'UNIX, comme le précise le volume 1 de The UNIX Programmer's Manual, Sections 2 et 3. Pour le programmeur qui n'emploie pas le C d'UNIX, le manuel du langage est la seule référence.

2. Des nombres en octal peuvent être sortis grâce aux fonctions printf(), puts(), putchar(), etc., grâce à l'utilisation de la barre inverse. Par exemple, pour sortir le caractère de sonnerie, code ASCII 07 décimal, on peut écrire :

    printf(" \7");

Le 7 est alors lu en tant qu'octal et non pas de décimal. On s'en rend mieux compte dans l'exemple suivant qui est la séquence d'effacement du terminal Televideo 920, la combinaison des caractères **escape** (27 en ASCII) et "deux-points" :

    puts(" \33:")

En décimal, le nombre octal 33 est 27. Les nombres en octal insérés dans des constantes de chaînes peuvent rendre de nombreux services. La séquence d'effacement précédente peut être définie à l'intérieur du fichier en-tête par un ordre du type :

    #define EFFACE " \33:"

et s'utiliser librement comme dans :

    printf(EFFACE);

De cette façon, si on utilise le programme sur une autre machine, seule la chaîne **EFFACE** doit être modifiée.

3. Cela est vrai pour certaines versions, mais pas pour le C d'UNIX 7.

Chapitre 10
INTRODUCTION AUX FONCTIONS DE C
ET AUX BIBLIOTHÈQUES DE FONCTIONS

1. Le C d'UNIX 7 traite les appels système et les fonctions d'UNIX comme ceux de C (*Manuel du programmeur UNIX*, volume 1).

Chapitre 11
LES FONCTIONS PROPRES AU SYSTÈME

1. Comme le BDOS et le BIOS décrits aux pages 196, 197 et 198.

2. L'utilisation du Shell sera décrite au Chapitre 15.

3. Sous UNIX, **chmod** et **chown** sont des commandes système, pas des fonctions.

Chapitre 14
MANIPULATIONS DE NOMBRES

1. La sous-estimation correspondant à la troncature due à la fois à l'absence de précision et à la taille de la valeur. Par exemple, la valeur .0000000000001 deviendrait .0 si la limite de précision est de 9 positions décimales.

GLOSSAIRE

Accès aléatoire : Stockage et récupération de données par des méthodes non séquentielles.

Adresse : Identification d'un emplacement mémoire.

Agrégat : Groupe ou collection d'au moins deux éléments de données qu'on peut référencer ensemble ou individuellement, comme les tableaux, structures et unions ; c'est le contraire d'un scalaire.

Alphabétique : Qui appartient à l'alphabet.

Alphanumérique : Qui appartient à l'alphabet ou aux chiffres de 1 à 9.

ANSI : Sigle de l'American National Standard Institute.

Appel système : Appel direct au système d'exploitation nécessitant une E/S ou une fonction spécifique du système.

Argument : Paramètre ou élément de donnée transmis à une fonction.

ASCII : Signifie *American Standard Code for Information Interchange*. Suite d'entiers consécutifs correspondant tous à un caractère ou un code de contrôle. Le code ASCII est en vigueur sur tous les micro-ordinateurs et sur la plupart des mini-ordinateurs.

Assembleur : Utilitaire de traduction d'instructions symboliques (en langage assembleur) en code binaire.

Associativité : Sens dans lequel des opérateurs sont associés (de gauche à droite ou de droite à gauche).

BDOS : *Basic Disk Operating System*, le cœur de CP/M et MS-DOS.

Binaire : Peut s'appliquer à
1. une base de calcul en puissance de 2
2. un test logique à deux états
3. une opération ayant deux opérandes.

BIOS : *Basic Input Output System*, le gestionnaire d'E/S de MS-DOS et CP/M.

Bit : Contraction de l'anglais *binary digit*. Élément de base de la numérotation binaire. Peut prendre les valeurs 0 et 1.

Bloc : Groupe de commandes formant une entité logique, comme un bloc de fonction, un bloc if, etc.

Booléen : Se dit d'une opération qui génère un résultat à deux états maximum (Vrai ou Faux).

Boucle : Exécution répétée d'ordre à l'intérieur d'un bloc d'itération.

Buffer : Aire de stockage intermédiaire associée aux E/S.

Caractère :
1. Un élément particulier d'un jeu de caractères.
2. La classe de données désignée par character par opposition aux données numériques.
3. Un caractère simple, par opposition aux tableaux de caractères.

Case : Structure de programmation permettant des branchements multiples à la suite d'un test.

CDOS : Un dérivé de CP/M, qui n'est plus compatible avec CP/M.

Chaîne : Séquence de caractères traitée comme une seule entité.

Chaîne nulle : Chaîne de longueur nulle.

Champ : Section d'un enregistrement séparée soit par format, soit par des délimiteurs. Partie logiquement distincte d'un enregistrement.

Clé : Donnée qui identifie un enregistrement de fichier, un index.

Code objet : Résultat de la compilation.

Code source : Version initiale d'un programme écrite par un programmeur, qui à terme doit donner le code objet après compilation.

Commande : Portion du code exécutable qui produit la réalisation d'une opération.

Commandes du préprocesseur : Commande qui demande au préprocesseur d'effectuer une tâche donnée, comme substituer des constantes ou inclure un fichier en-tête.

Compilateur : Utilitaire qui génère un programme assemblé à partir du code source du programmeur.

Concaténation : Mise bout à bout de chaînes de caractères.

Console : Le terminal, clavier + écran.

Constante : Une donnée scalaire possédant une valeur fixe pendant la durée d'un programme, contrairement aux variables.

Déclaration : Établissement d'un jeu d'attributs pour une variable ou une constante.

Délimiteur : Toute forme de ponctuation ou de blancs utilisée pour séparer des symboles.

Entier : Nombre sans chiffres après la virgule, dont la taille est limitée par celle du mot machine, -32768 à $+32767$ pour un entier signé sur 16 bits.

Entier long : Un entier plus long qu'un entier normal, habituellement codé sur quatre octets, autorisant des valeurs de 4.295E9, nombre entier potentiellement très grand et très précis.

EOF : Contraction de *End-of-File* ; marque de fin de fichier.

End-of-Text : *Fin de texte.* Code indiquant que la fin physique d'un texte a été atteinte. C'est le symbole Contrôle-Z (˜Z) sous CP/M et MS-DOS.

Exécuter : Mettre en œuvre un programme.

Explicite : Exprimé, par opposition à implicite ou impliqué.

Expression :
1. Une notation (à l'intérieur d'un programme) qui représente une valeur.
2. Une constante apparaissant seule.
3. Une combinaison de constantes et/ou de variables et/ou d'opérateurs, comme 3.14159, ou a∗b∗c, ou d/2, etc.

Externe : *A l'extérieur de* ; une fonction externe est située hors du corps principal du programme.

Fichier : Un jeu de données baptisé d'un nom et constitué d'enregistrements.

Fichier en-tête : Fichier écrit en vue d'être inclus, lors de la précompilation, dans un pro-

gramme C. Il définit des constantes du système et du programme, et contient des macros de définition de fonctions.

Fonction : Ordre ou groupe d'ordres sollicités par le programme pour accomplir une tâche particulière.

Fonction de bibliothèque : Fonction spécialisée ou programme gardé en mémoire pour des tâches précises.

Heap : Désigne le noyau de la zone de stockage en mémoire centrale située immédiatement au-dessus de la zone de données du programme. C'est une zone d'allocation dynamique de mémoire.

Hexa : Hexadécimal.

Hexadécimal : Base à 16 chiffres : 1,2,3,4,5,6,7,8,9,A,B,C,D,E,F, où A = 10 (base 10), B = 11 (base 10), etc. La base Hexa est utilisée souvent en informatique car elle est idéale pour représenter des *mots* à deux octets.

Hiérarchie : Série de niveaux entre lesquels existent des ordres de priorité.

Identifieur : Nom, groupe de caractères utilisé pour identifier une variable, constante, structure, etc. Le premier caractère d'un identifieur doit être alphabétique.

Imbrication :
1. Bloc dans un autre bloc.
2. Tout groupe dans un autre groupe.
3. Un ordre if dans un ordre if, un while dans un while...

Implicite : Non exprimé, ou impliqué, par opposition à explicite.

Initialiser : Donner à des variables leur valeur de départ.

Int : Abréviation du type **integer**. Représente des nombres entiers — sans partie décimale — dont la valeur maximale est imposée par la taille du mot machine. Pour un mot signé de 16 bits, les nombres du type **int** vont de -32768 à $+32767$.

Instruction : Ordre qui produit une action spécifique.

Interpréteur : Langage qui opère directement sur des programmes présents en mémoire, qui traduit en code objet et exécute immédiatement les lignes du code source qu'il lit, contrairement aux compilateurs.

Interpréteur de lignes de commandes : Un interpréteur intégré au système qui interprète les lignes de commandes, comme le Shell d'UNIX.

Itérer : Répéter automatiquement, sous contrôle d'un programme.

Label : Étiquette, identifier d'un ordre (cf. label déca-disque).

Langage évolué : Langage informatique proche du langage parlé.

Ligne de commande : Ligne de code saisie à la console pour lancer une ou plusieurs opérations système.

Line feed : Saut de ligne, noté n en C. A ne pas confondre avec la paire retour chariot/saut de ligne. Code ASCII 10 décimal.

Linker : Éditeur de liens, un programme qui crée un code exécutable par la machine, à partir du code intermédiaire généré par le compilateur.

Long : Type de données désignant des entiers longs, codés en général sur quatre octets, permettant d'atteindre 4.259 E9.

Lvaleur : Valeur stockée en mémoire avec une adresse propre. On parle de L-valeur car on la trouve à gauche *(Left)* des signes d'affectation = .

Macro : Segment de code non autonome, spécialisé dans une tâche particulière, qu'on appelle depuis un programme.

Mot clé : Identifier qui, lorsqu'il est utilisé dans la syntaxe, a un sens pour le programme.

Null : Ordre *nul* ; un point-virgule placé dans un programme et qui n'a aucun effet. Il sert parfois à équilibrer un ordre if.

Octal : Se dit d'un nombre exprimé en base 8, possédant les chiffres 0 à 8.

Octet : Huit bits contigus ; un demi-mot.

Opérateur : Symbole qui spécifie une opération à effectuer, comme les opérateurs arithmétiques + , − , ∗ et / .

Optimiste :
1. Programmeur qui écrit du code à l'encre.

2. Opérateur qui ne duplique pas ses données.
3. Acheteur qui croit aux spécifications d'un logiciel.

Ordre : Élément de base d'un programme qui décrit, nomme, déclare et spécifie les actions à mener ; toujours terminé par un point-virgule.

Ordre nul : Point-virgule placé dans le programme et qui ne provoque aucune action ; parfois placé pour équilibrer un ordre if.

Paramètre : Argument, ou nom utilisé dans une fonction pour passer des données.

Pile : Zone de mémoire très sollicitée par le CPU pour y stocker des données de façon temporaire. Le *heap* est parfois désigné comme *pile en second*.

Pipe : Connexion entre commandes et/ou fichiers, appelée à l'origine *pipe-line*. Le mot anglais *pipe* s'est imposé en tant que verbe en informatique, pour désigner des réorientations de données.

Pointeur : Une variable qui contient l'adresse d'une zone mémoire.

Portée : Portion d'un programme dans aquelle une condition s'applique ; la portée d'une variable locale est le bloc dans lequel elle est déclarée.

Précision : Le domaine d'une variable arithmétique ou le nombre de chiffres avec lequel sont exprimées des variables entières ou réelles.

Préprocesseur : Un programme, intégré en général au compilateur, qui traite les commandes de précompilation du programme et modifie le code source en fonction de ces dernières.

Processeur : Un accessoire physique de traitement de données. Le terme désigne souvent le CPU (*Central Processing Unit*, Unité Centrale) qui contrôle toutes les fonctions de l'ordinateur.

Pseudo-code : Langage non exécutable, non compilable qui émule un langage de programmation et sert au développement d'algorithmes et de programmes.

Registre : Zone de stockage interne au processeur. Permet un stockage très rapide.

Retour chariot : \r ; un RETURN ou ENTER, code ASCII 0D hexa, le caractère qui renvoie le curseur à la colonne 0, à ne pas confondre avec le saut de ligne.

Rvaleur : Valeur qui ne possède pas d'affectation permanente en mémoire, mais qui est stockée sur la pile. On parle de R-valeurs car on trouve ces valeurs à droite *(Right)* des signes d'affectation = .

Scalaire : Élément de donnée simple, par opposition aux valeurs agrégées.

Séparateur : Un délimiteur, espace blanc ou ponctuation séparant des symboles.

Shell : Un programme, habituellement intégré au système d'exploitation, qui interprète les commandes de l'opérateur.

Signe : Groupes de caractères du code source, séparés par C dans les catégories d'identifieurs, mots clés, constantes, chaînes, opérateurs et séparateurs.

Static : Classe de stockage statique qui est permanent au programme, mais inconnu aux programmes externes.

Stockage dynamique : Zone de mémoire rapide disponible pour le stockage de variables et pouvant être libérée et rendue au contrôle du programme.

Structure : Un jeu de noms qui fait référence à des données agrégées qui peuvent avoir ou non les mêmes attributs.

Syntaxe : Les règles qui gouvernent les ordres de structure à l'intérieur d'un langage de programmation.

Système d'exploitation : Somme de procédures, d'utilitaires, de routines organisés en programme de gestion de la machine.

Tableau de caractères : Tableau rempli de caractères, le plus souvent une chaîne.

Troncature : Le processus de raccourcissement utilisé pour indiquer l'échec du système à enregistrer la valeur complète.

Sous-estimation : Génération d'un nombre plus petit que ce que la machine peut traiter, comme 0.000000000001.

Valeur retournée : Valeur renvoyée par une fonction à son point d'appel.

Variable : Une entité possédant un nom à laquelle peuvent être affectées différentes valeurs.

Variable globale : Variable connue de tout le programme.

Variable locale : Variable connue à l'intérieur d'un seul bloc de programme.

SYBEX

Les **Editions Sybex** vous proposent différents services destinés à vous aider à développer votre expérience de la micro-informatique et à nous aider à parfaire nos publications :

- Disquettes d'accompagnement
- Informations concernant les nouveautés
- Envoi de nos catalogues régulièrement mis à jour
- Dialogue constant avec le lecteur.

RECEVEZ UNE INFORMATION DÉTAILLÉE
SUR NOS PROCHAINS TITRES

Remplissez très lisiblement le bulletin ci-dessous et retournez-le sous enveloppe affranchie à :

Editions Sybex
10-12, villa cœur-de-vey
75014 Paris

CATALOGUES - INFORMATIONS REGULIERES - OFFRES -

Adresse :
Société ....
Nom ....
Prénom ....
Adresse ....
....
Ville ....
Code Postal .... Tél. ....

Votre matériel :   ☐ PC   ☐ Macintosh

Secteur d'activité :	*Nombre de salariés :*	*Centres d'intérêts principaux (à détailler) :*
☐ administration	☐ 1 / 20 salariés	☐ langages ....
☐ enseignement	☐ 21 / 50	☐ logiciels ....
☐ industrie	☐ 51 / 100	☐ applications de gestion ....
☐ commerce	☐ 101 / 200	☐ microprocesseurs ....
☐ services	☐ 201 / 500	☐ systèmes d'exploitation ....
☐ prof. libérale	☐ + 500	☐ PAO-CAO-DAO ....
☐ autre :		☐ grand public ....
....		☐ Multimédia ....

10-12, villa cœur-de-vey
75014 PARIS
TÉL. : (1) 40 52 03 00
FAX : (1) 45 45 09 90

SYBEX

Un dialogue permanent avec vous...

• Vous souhaitez être informé régulièrement de nos parutions, recevoir nos catalogues mis à jour, complétez le recto de cette carte.

• Vous souhaitez participer à l'amélioration de nos ouvrages, complétez le verso de cette carte.

DES LIVRES PLUS PERFORMANTS GRACE A VOUS

Communiquez-nous les erreurs qui auraient pu nous échapper malgré notre vigilance, ou faites-nous part simplement de vos commentaires. Retournez cette carte à : **Service Lecteurs Sybex** - 10-12, villa cœur-de-vey - 75014 Paris

Nom .... Prénom ....

Adresse ....

Ville ....

Cd Postal ....Tél. ....

Vos commentaires : (ou sur papier libre en joignant cette carte)

....

....

....

....

....

SYBEX

dans le monde entier

FRANCE
10-12, villa cœur-de-vey
75685 PARIS Cedex 14
Tél. : (1) 40 52 03 00
Télécopie : (1) 45 45 09 90
MINITEL 3615 SYBEX

U.S.A.
2021 Challenger Drive
Alameda - California 94501
Tél. : (510) 523 82 33
Télécopie : (510) 523 23 73
Telex : 336311

R.F.A.
Sybex Verlag Gmbh
Postfach 150361
Erkrather Straße 345-349
40080 Düsseldorf
Tél. : (211) 9739-0
Télécopie : (211) 9739-199

PAYS-BAS
Birkstraat 95
3760 DD Soest
Tél. : (2155) 276 25
Télécopie : (2155) 265 56

distributeurs étrangers

BELGIQUE FRANCOPHONE
Presses de Belgique
117, boulevard de l'Europe
1301 Wawre
Tél. : (010) 41 59 66

SUISSE *(Librairies)*
Office du Livre
Case Postale 1061
CH-1701 Fribourg
Tél. : (37) 835 111

ESPAGNE
Diaz de Santos
Lagasca, 95
28008 Madrid

MAROC
SMER Diffusion
3, rue Ghazza
Rabat

TUNISIE & LYBIE
Librairie de l'Unité Africaine
14, rue Zarkoun
Tunis

BELGIQUE NEERLANDAISE
Wouters
Groenstraat, 178
B-3001 Heverlee
Tél. : (016) 40 39 00

SUISSE *(Grands magasins et computer shops)*
Micro Distribution SA
2, route du Pas de l'Echelle
CH-1255 Genève Veyrier
Tél. : (022) 784 34 82

CANADA
Diffulivre
817, rue Mac Caffrey
Saint-Laurent - Québec H4T 1N3
Tél. : (514) 738 29 11

PORTUGAL
Lidel
Rua D. Estefânia, 183, r/c.-Dto
1096 Lisboa Codex

ALGERIE
E.N.A.L.
3, boulevard Zirout Youcef
Alger

SYBEX SARL au capital de 2 886 700 F - RC Paris B 305 418 436 000 47

Achevé d'imprimer le 20 janvier 1995 sur les presses de l'Imprimerie «La Source d'Or»
63200 Marsat - Dépôt légal : 1er trimestre 1995 - Imprimeur n° 5525